Execução Trabalhista e a Atual Ideologia da Execução Civil

Maisa E. Raele Rodrigues

Advogada. Especialista e Mestre em Direito do Trabalho pela PUC-SP. Membro da Comissão de Direito Empresarial do Trabalho da Ordem dos Advogados, Seção de São Paulo. Ex-Juíza Classista do Trabalho do TRT da 2ª Região. Professora dos cursos de pós-graduação *lato sensu* da UNIP e das Faculdades Integradas Torricelli.

Execução Trabalhista e a Atual Ideologia da Execução Civil

Dados Internacionais de Catalogação na Publicação (CIP)
(Câmara Brasileira do Livro, SP, Brasil)

Rodrigues, Maisa E. Raele

Execução trabalhista e a atual ideologia da execução civil / Maisa E. Raele Rodrigues. - São Paulo : LTr, 2010.

Bibliografia.
ISBN 978-85-361-1600-6

1. Direito processual do trabalho - Brasil 2. Execução (Direito do trabalho) - Brasil 3. Execuções (Direito) - Brasil 4. Processo civil I. Título.

10-07592   CDU-347.952:331(81)

Índice para catálogo sistemático:

1. Brasil : Execução : Processo trabalhista
347.952:331(81)
2. Brasil : Processo de execução : Direito trabalhista
347.952:331(81)

© Todos os direitos reservados

EDITORA LTDA.

Rua Jaguaribe, 571 – CEP 01224-001 – Fone (11) 2167-1101
São Paulo, SP – Brasil – www.ltr.com.br

LTr 4217.5   Agosto, 2010

Ao meu marido, Manuel Nazário, exemplo de força interior e incrível capacidade para superar a adversidade.

À memória de meu pai, Badu, genialidade artística com que tive o privilégio de conviver.

Ao professor Pedro Paulo Teixeira Manus, a quem tenho profundo apreço por ser dessas pessoas que engrandecem o gênero humano. Obrigada por ter me acolhido como sua orientanda, pela paciência, sensibilidade e pelas valiosas lições e aconselhamentos, sem os quais jamais teria sido possível realizar este estudo.

À professora Carla Teresa Martins Romar, rara combinação de notável conhecimento e generosidade, que se preocupou em tornar esta dissertação mais clara e precisa.

Ao professor Sergio Shimura, pelo pronto apoio e empréstimo de seu extraordinário saber jurídico-processual para a edificação decisiva deste trabalho.

Sumário

Introdução 11
1. **Gênese histórica do Direito Processual do Trabalho no Brasil** 13
    1.1. Considerações iniciais 13
    1.2. Os primórdios da jurisdição trabalhista no Brasil 14
    1.3. As previsões constitucionais referentes à Justiça do Trabalho 17
    1.4. A inclusão da Justiça do Trabalho na estrutura do Poder Judiciário 20
    1.5. A elaboração da CLT 22
    1.6. A reforma do Judiciário 27
2. **A execução no processo do trabalho: principais aspectos** 31
    2.1. Breves considerações históricas sobre a execução 31
    2.2. Um conceito de execução 33
    2.3. Evolução histórica da execução trabalhista 35
    2.4. Natureza jurídica da execução trabalhista 36
    2.5. Legislação aplicável 40
    2.6. Formas de execução 44
    2.7. Desenvolvimento da execução trabalhista 49
    2.8. Recurso na execução trabalhista 53
    2.9. Comprometimento da efetividade do processo de execução trabalhista ... 54
3. **A reforma da execução civil de título executivo judicial empreendida pela Lei n. 11.232/05** 56
    3.1. As reformas do CPC 56
    3.2. O novo conceito de sentença 60
    3.3. Os efeitos da sentença quanto à declaração de vontade da parte 63
    3.4. A liquidação de sentença no regime empreendido pela Lei n. 11.232/05 ... 65

  3.4.1. Natureza jurídica da liquidação de sentença 66

  3.4.2. Linhas gerais da liquidação de sentença 68

  3.4.3. Modalidades de liquidação de sentença 69

  3.4.4. Recurso cabível na liquidação de sentença 70

 3.5. Cumprimento da sentença 71

  3.5.1. Efetivação da sentença condenatória 73

4. **O processo de execução por título judicial na vigência da Lei n. 11.232/05 e as modificações implementadas pela Lei n. 11.382/06** 90

 4.1. Execução contra a Fazenda Pública 90

  4.1.1. Generalidades 90

  4.1.2. Execução provisória contra a Fazenda Pública 91

  4.1.3. Movimento de reforma da execução contra a Fazenda Pública 92

 4.2. Modificações implementadas pela Lei n. 11.382/06 na execução fundada em título executivo extrajudicial 93

5. **Reflexos do novo perfil da execução civil na execução trabalhista** 97

 5.1. O descompasso entre a nova ideologia da execução civil e a execução trabalhista 97

 5.2. O núcleo das ideias renovadoras implantadas pela Lei n. 11.232/05 102

 5.3. A aplicação subsidiária das normas do direito processual civil ao processo do trabalho 104

 5.4. Do princípio da segurança jurídica 108

 5.5. Aplicação das inovações trazidas pela Lei n. 11.232/05 ao processo do trabalho 110

 5.6. Reflexos da Lei n. 11.382/06 no processo de execução trabalhista 117

6. **O processo de execução trabalhista sob nova ótica** 120

 6.1. Preliminares 120

 6.2. A reforma da ação executiva no sistema português 120

 6.3. Elaboração de um código de processo do trabalho inspirado na doutrina culturalista 128

Conclusão 133

Referências bibliográficas 137

Introdução

Um dos maiores pontos de estrangulamento do acesso à justa prestação jurisdicional, incontestavelmente, concentra-se na satisfação da execução, não sendo outra a razão pela qual o principal debate de nossos sistemas processuais tenha se voltado para o processo de execução. A sociedade aspira cada vez mais por um Poder Judiciário que exerça suas atividades de forma rápida e justa, binômio imprescindível para a efetividade do processo. O jurisdicionado como cidadão comum apenas vê sentido num processo se atuar como instrumento de pacificação concreta e efetiva do conflito.

A execução trabalhista continua a representar o mais grave problema do processo do trabalho, uma vez que se trata de um processo incompleto, com poucos artigos dispostos na CLT, e, ainda assim, alguns deles são arremedos de disposições expressas no CPC. A existência de lacunas força a adoção supletiva de normas de outros sistemas, o que nem sempre funciona bem. O trabalhador que bate às portas da Justiça do Trabalho em busca de seus direitos não está apenas procurando uma declaração, mas sim a satisfação efetiva desses direitos, na medida em que deles depende para atender suas necessidades mais básicas.

As inovações introduzidas pelas Leis n. 11.232/05 e 11.382/06 atraíram a atenção da comunidade jurídica trabalhista, que passou a promover intenso debate em torno da inevitável questão concernente à possibilidade de tais alterações serem ou não aplicáveis ao processo do trabalho, sobretudo as empreendidas pela Lei n. 11.232/05.

Há, ainda, autores que confessam o mais puro ceticismo em relação às reformas do processo civil, havendo mesmo quem nelas não enxergue qualquer proveito ao processo do trabalho, que é mais pleno de cidadania. Certo, contudo, é que não há construção doutrinária de uma posição definida sobre o assunto, especialmente considerando que a discussão não é antiga.

Dessa forma, mesmo privilegiando o estudo da aplicabilidade das reformas civilistas ao processo do trabalho no que tange à execução, o presente estudo se enquadra num universo mais amplo da discussão a respeito da relação entre a execução trabalhista e a efetividade da tutela jurisdicional. Buscará, assim, identificar os maiores entraves que atingem o processo de execução trabalhista, bem como os elementos que contribuem para sua otimização.

Por outro lado, o trabalho não tem a ambição de tratar das transformações operadas pelos dois diplomas legislativos (Leis n. 11.232/05 e 11.382/06) que finalizaram um ciclo metodológico do processo de execução civil, mas sim concentrar-se nas modificações empreendidas pela Lei n. 11.232/05, cujos reflexos despertam maiores controvérsias no âmbito da execução trabalhista.

Não fosse suficiente a preponderância do processo de execução para o alcance da efetiva prestação jurisdicional como elemento a justificar o estudo do tema, também a falta de pacificação das manifestações doutrinárias e jurisprudenciais quanto à aplicabilidade ao processo de execução trabalhista das inovações produzidas no processo de execução civil justificam a importância de sua análise.

Este trabalho cinde-se da seguinte forma: inicialmente, será feito um exame da estruturação da legislação processual trabalhista; a seguir, será analisado, em linhas gerais, o processamento da execução trabalhista; a etapa seguinte destina-se a compreender as transformações ocorridas no processo de execução civil, especialmente implementadas pela Lei n. 11.232/05, buscando comparar o sistema anterior e o atual para localizar os avanços; depois serão feitas breves considerações sobre a execução contra a Fazenda Pública e a respeito da Lei n. 11.382/06; a penúltima parte discorrerá sobre os reflexos do novo perfil da execução civil na execução trabalhista; a última etapa abordará o processo de execução trabalhista sob nova ótica, discorrendo algumas linhas sobre o tratamento dispensado à execução no direito português e a possibilidade de aproveitá-lo ao sistema pátrio de execução trabalhista, assim como a oportunidade que se descerra para impulsionar a elaboração de um Código de Processo do Trabalho.

O presente estudo, obviamente, não tem a pretensão de demonstrar uma direção única e acertada para resolver os problemas que cercam a execução trabalhista, mas despertar, de alguma forma, para a necessidade urgente de reformulação desse processo, a bem de uma atuação jurisdicional mais eficiente.

A problematização central repousa nas questões atinentes às lacunas do processo de execução trabalhista e à aplicabilidade das novas normas processuais civilistas.

No que toca à metodologia, foram levantadas fontes de ordem legal, doutrinária e jurisprudencial. A primeira fonte foi eleita porque consiste nas primeiras noções sobre o tema, ou seja, o lineamento do recorte; a segunda fonte, porque fruto de meditação sobre o tema em confronto com os textos legais; e a terceira fonte, em razão de demonstrar o tratamento judicial que vem sendo dispensado à execução trabalhista. Assim sendo, para realização do trabalho valer-se-á de documentação indireta, consubstanciada em pesquisa documental jurídica e bibliográfica.

1. Gênese histórica do Direito Processual do Trabalho no Brasil

1.1. Considerações iniciais

O Direito inegavelmente constitui um fenômeno histórico, que segundo a doutrina culturalista resulta da cultura humana, e por ser invenção dessa natureza sujeita-se à ação do meio social. Daí a necessidade de voltarmo-nos à historicidade das instituições jurídicas para melhor compreendê-las no presente.

Assim é que o cenário político-jurídico brasileiro, desde a proclamação da independência, foi marcado por duas correntes que disputavam o poder: de um lado, o liberalismo, de grande força na Europa, o qual batia-se pelo progresso e superação da ordem colonial, mas convivia comodamente com a escravidão; de outro lado, o conservadorismo, cujos parlamentares de origem oligárquica mantinham-se ao lado do Imperador[1].

Destarte, o arcabouço jurídico construído durante o Império foi fruto de uma composição possível entre essas duas correntes.

O contorno escravocrata que delineou o Brasil até o século XIX foi modificando-se com o correr dos anos. A imigração de trabalhadores europeus, sobretudo italianos, portugueses e espanhóis, teve grande papel na transição do trabalho escravo para o assalariado, passando a classe operária a ter alguma expressão somente nas duas últimas décadas do século XIX.

Por outro lado, os reflexos da Revolução Industrial se expandiram pelo mundo. Buscando reagir contra as perversas condições de trabalho, os movimentos operários ocorridos na Europa fizeram surgir o conflito trabalhista, que a princípio deveria ser solucionado pelas próprias partes, já que era o tempo do Estado liberal e individualista que não intervinha na disputa.

Com o tempo, constatou-se a necessidade de intervenção do Estado, que passou a nomear um mediador para participar das negociações, substituído, em seguida, pela designação de um árbitro para julgar o litígio ocorrido entre as partes. Com isso, pode-se dizer que, de maneira incipiente, veio à luz o Direito Processual do Trabalho, como forma de resolver o conflito trabalhista.

---
(1) GONZÁLES, Everaldo T. Q. et al. O Culturalismo da Escola do Recife. Disponível em: <http:// www. conpedi. org/manaus/arquivos/anais/recife/teoria> Acesso em: 17 out. 2007.

Consoante relato de *Fleischmann*[2], no Brasil, a função estatal de declarar e impor o direito na solução dos conflitos trabalhistas, em sua fase embrionária, coube à Justiça Comum. A decisão da disputa trabalhista vinculava-se ao ordenamento jurídico civil e comercial, com competência da magistratura ordinária federal. Leis de 1830, 1837 e um decreto de 1842 previam o rito sumaríssimo para causas vinculadas à locação de serviços e outorgavam aos juízes comuns competência para o julgamento dos conflitos.

Mesmo com a instauração da República, pouca coisa se alterou, pois predominavam ainda os acordos entre os diversos grupos oligárquicos, não havendo interesse em assegurar espaço para os trabalhadores. Vigia, à época, uma Constituição ultraliberal, num país de economia essencialmente agrícola e de mentalidade civilista, de forma que as novas ideias intervencionistas suscitadas na Europa não encontravam receptividade no Brasil, que não oferecia espaço para a assimilação de leis e tribunais de índole trabalhista.

Malgrado os empecilhos impostos pela elite agrária, o fenômeno da industrialização já era uma realidade marcante em cidades como São Paulo e Rio de Janeiro no final do século XIX e início do século XX, favorecendo o surgimento do movimento operário. Os trabalhadores, a maioria deles formada por imigrantes, que antes de se concentrarem nos centros industriais haviam trabalhado na agricultura, organizaram-se em sindicatos e sociedades de classe e passaram a lutar em defesa de seus direitos.

A organização do sistema pátrio de resolução dos conflitos trabalhistas inspirou-se em diversos modelos europeus, mormente o italiano. A Justiça do Trabalho no Brasil passou e passa por fases distintas, uma vez que seu lineamento evolucional ainda não se completou, pois as exigências modernas sempre reclamam algo novo para enfrentá-las e fazer desaparecer os problemas que vão se sucedendo.

1.2. Os primórdios da jurisdição trabalhista no Brasil

Os primórdios da jurisdição trabalhista brasileira foram marcados por tentativas isoladas de institucionalização, destacando-se, nesse período, a criação dos Conselhos Permanentes de Conciliação e Arbitragem, o Patronato Agrícola e os Tribunais Rurais.

Os Conselhos Permanentes de Conciliação e Arbitragem foram criados pela Lei n. 1.637, de 05 de novembro de 1907, e tinham âmbito sindical, porém não chegaram a ser instalados; o Patronato Agrícola, submetido à Secretaria de Agricultura, foi instituído em São Paulo, pela Lei Estadual n. 1.299-A, de 27 de dezembro de 1911, e destinava-se a resolver questões envolvendo trabalhadores rurais, sobretudo na cobrança de salários; e os Tribunais Rurais, criados também em São Paulo, pela

---
(2) *O processo do trabalho*, p. 207.

Lei Estadual n. 1.869, de 10 de outubro de 1922, eram compostos por juízes de direito e representantes dos trabalhadores e dos fazendeiros, cuja alçada era até "500 mil-réis"[3], sendo considerados a primeira experiência de um órgão especializado para dirimir litígios trabalhistas.

Na fase administrativa, o Decreto n. 16.027, de 30 de abril de 1923, deu origem ao Conselho Nacional do Trabalho, vinculado ao então Ministério da Agricultura, Indústria e Comércio, funcionando como órgão consultivo em matéria laboral, e como instância recursal em assuntos previdenciários e trabalhistas. Esse órgão é considerado a estrutura elementar da Justiça do Trabalho, o qual viria a adquirir contornos jurisdicionais em 1934[4].

Os movimentos revolucionários ocorridos na década de 1920 propiciaram o declínio da República Oligárquica e desaguaram na Revolução de 1930, a partir da qual foram implementadas profundas alterações políticas, econômicas e sociais, que visaram, sobretudo, a incorporação das massas trabalhadoras ao projeto político do novo governo. Em vista disso, procurou-se modernizar a legislação brasileira para nela incluir uma legislação trabalhista nos moldes dos sistemas europeus da época.

Com a ascensão de Getúlio Vargas ao poder, foi criado, por meio do Decreto n. 19.433, de 26 de novembro de 1930, o Ministério do Trabalho, Indústria e Comércio, que deu início à renovação da legislação social. Lindolfo Leopoldo Boeckel Collor, primeiro ministro a ocupar esse ministério e afinado à ideologia política getulista, não tardou a desenvolver medidas tendentes à criação de uma estrutura legal para o direito do trabalho, contando, para isso, com a ajuda e participação de intelectuais e líderes comprometidos com a causa social, tais como Joaquim Pimenta, Evaristo de Moraes, Agripino Nazareth e Deodato Maia[5].

A partir daí começaram a ser criados os primeiros órgãos jurisdicionais do trabalho, concebidos como instâncias de conciliação, e não de julgamento, possuindo caráter administrativo e poderes reduzidos. Desse modo, foram instituídas as Comissões Mistas de Conciliação para conciliar os dissídios coletivos e as Juntas de Conciliação e Julgamento para conciliar os dissídios individuais.

Com a instituição das convenções coletivas de trabalho como instrumento de composição de interesses entre trabalhadores e empregadores, tornou-se essencial a existência de um órgão que tivesse competência para conhecer

---

(3) Segundo artigo referente à história do TRT da 8ª. Região, publicado em seu site: (...) *"com a Lei Estadual n. 1.869, específica para julgar questões originárias da interpretação e execução de contratos de locação de serviços agrícolas com colonos estrangeiros, fixando-se a alçada em 500 mil réis, equivalente a dois salários mínimos (o primeiro salário mínimo, R$240 mil, foi fixado no Brasil em 1940)"*. História do TRT da 8ª Região. Disponível em: <http:// www.trt08.gov.br/institc> Acesso em: 3 mar. 2008.
(4) MARTINS FILHO, Ives Gandra. Evolução histórica da estrutura judiciária brasileira. *Revista Jurídica Virtual*, Brasil, v. I, n. 5, set. 1999. Disponível em: <http://www.planalto.gov.br/ccivil_3/revista/Rev 05/evol_historica. htm> Acesso em: 3 mar. 2008.
(5) SÜSSEKIND, Arnaldo; MARANHÃO, Délio; VIANNA, Segadas *et al*. *Instituições do direito do trabalho*, v. I, p. 62.

e dirimir eventuais conflitos decorrentes dessa prática coletiva. Por essa razão, foram criadas, pelo Decreto n. 21.396, de 12 de maio de 1932, as Comissões Mistas de Conciliação, que se compunham de forma paritária por um presidente alheio aos interesses profissionais das partes envolvidas e representantes dos empregados e do empregador, e tinham como principal objetivo interpretar as convenções coletivas e resolver, pela via do acordo, eventuais litígios entre as partes. Entretanto, as decisões jurisdicionais propriamente ditas ficavam a cargo do Ministro do Trabalho, que, desta forma, cumulava funções administrativas e jurisdicionais. Conforme observa *Amauri Mascaro Nascimento*[6], essas comissões foram pouco utilizadas devido à escassez de conflitos coletivos na época.

Posteriormente, o Decreto n. 22.132, de 25 de novembro de 1932, instituiu as Juntas de Conciliação e Julgamento para resolver os conflitos individuais e aplicar as leis trabalhistas recém-criadas, sendo compostas de um juiz presidente, estranho aos interesses das partes, e, preferencialmente, pertencente à Ordem dos Advogados do Brasil, e de dois vogais, um representando os empregados, outro o empregador, afora dois suplentes, cuja escolha baseava-se nas listas endereçadas pelos sindicatos e associações ao Departamento Nacional do Trabalho. Tratava-se de um órgão administrativo, mas com poderes de impor a solução às partes. Apesar de terem nascido privados de algumas prerrogativas jurisdicionais, esses órgãos instituíram o modelo de instância primária e básica de nosso sistema trabalhista.

Por pertencerem ao Poder Executivo, uma vez que eram ligadas ao Ministério do Trabalho, Comércio e Indústria, e não integrarem o Poder Judiciário, as Juntas não tinham poder de executar suas próprias decisões, as quais eram executadas na Justiça Comum em conformidade com o procedimento de execução de sentença. Também lhes faltava competência absoluta para conhecer e dirimir os dissídios, pois o Ministério do Trabalho, por meio de carta avocatória, poderia chamar para si o processo e fazer o julgamento.

Além das Comissões Mistas de Conciliação e das Juntas de Conciliação e Julgamento, também foram criados outros órgãos com poderes de decisão no âmbito trabalhista e que não integravam o Poder Judiciário, tais como as Juntas das Delegacias de Trabalho Marítimo (1933), e uma jurisdição administrativa relativa a férias (1933). O Conselho Nacional do Trabalho, instituído pelo Decreto n. 16.027, de 30 de abril de 1923, foi modificado posteriormente pelo Decreto n. 24.784, de 14 de julho de 1934, passando a ter função administrativa, consultiva e deliberativa, competindo-lhe conhecer questões trabalhistas e previdenciárias.

---

(6) *Curso de direito processual do trabalho*, p. 44.

1.3. As previsões constitucionais referentes à Justiça do Trabalho

De forma inaugural, a Constituição Federal de 1934 (art. 122)[7] previu expressamente a existência da Justiça do Trabalho, mas ainda como órgão fora do Poder Judiciário, e assinalada pela representação classista paritária.

Oliveira Vianna, sociólogo, historiador e jurista, cujo pensamento fincava raízes na própria nacionalidade brasileira, foi um dos ideólogos da política social do governo de Getúlio Vargas, sendo considerado um marco no desenvolvimento das relações de trabalho no Brasil. Tendo exercido, a partir de 1932, o cargo de Consultor Jurídico do Ministério do Trabalho, Indústria e Comércio, suas ideias tiveram forte influência na formação da Justiça do Trabalho.

Por ocasião do primeiro projeto de instituição da Justiça do Trabalho, regulando o artigo 122 da Constituição Federal de 1934, travou-se intenso debate, na Comissão de Justiça da Câmara dos Deputados, entre Oliveira Vianna e o então relator dos projetos relativos à Justiça do Trabalho, Waldemar Ferreira, catedrático de direito comercial e deputado por São Paulo.

A formação do professor paulista prendia-se aos ensinamentos clássicos do direito privado, razão pela qual não aceitava muitos dos novos institutos de direito social previstos no projeto governamental, especialmente no tocante ao poder normativo dos tribunais do trabalho. Oliveira Vianna, a seu turno, dominava as doutrinas de direito público universal, recentes na época e desconhecidas pela maioria dos juristas brasileiros. O debate entre ambos rendeu à comunidade jurídica duas grandes obras, uma referente à Justiça do Trabalho e outra sobre Direito Processual do Trabalho[8].

As ideias de Waldemar Ferreira foram expostas no livro *Princípios de legislação social e direito judiciário do trabalho,* e as de Oliveira Vianna em sua obra *Problemas de direito corporativo*; todos os livros foram publicados em 1938, após a instauração do Estado Novo.

Conforme observa *Amauri Mascaro Nascimento*[9], a tese do jurista paulista centrava-se no fato de que a competência atribuída aos juízes do trabalho para criar normas sobre condições de trabalho invadiria o âmbito do Poder Legislativo, violando princípios constitucionais e princípios do direito processual, uma vez que envolveriam sentenças de caráter geral e obrigariam terceiros que não participariam do processo. Refutando essas proposições, Oliveira Vianna fundamentava a validade

---

(7) "Art. 122 – Para dirimir questões entre empregadores e empregados, regidas pela legislação social, fica instituída a Justiça do Trabalho, à qual não se aplica o disposto no Capítulo IV do Título I.
Parágrafo único – A constituição dos Tribunais do Trabalho e das Comissões de Conciliação obedecerá sempre ao princípio da eleição de membros, metade pelas associações representativas dos empregados, e metade pelas dos empregadores, sendo o presidente de livre nomeação do Governo, escolhido entre pessoas de experiência e notória capacidade moral e intelectual".
(8) MORAES FILHO, Evaristo de. Oliveira Vianna e o Direito do Trabalho no Brasil. *Revista LTr*, v. 47, n. 9, set. 1983, p. 1033-1046.
(9) *Curso de direito processual do trabalho*, p. 48-49.

da competência normativa da Justiça do Trabalho na função criadora do juiz, sem a qual é incapaz de cumprir sua missão. Sua reflexão ligava-se às ideias da escola sociológica do direito e ao realismo jurídico, posto em prática nos Estados Unidos.

Evaristo de Moraes Filho[10], analisando as ideias de Oliveira Vianna, assim se manifesta:

> Oliveira Vianna, mais propriamente sociólogo e historiador do que jurista, sentia-se à vontade para aderir, compreender e defender os princípios do *novum ius*. Ele assim deixou registrados os motivos da polêmica: "Era a expressão de um conflito entre duas concepções do Direito – a velha concepção individualista, que nos vem do Direito Romano, do Direito Filipino e do Direito Francês, através do *Corpus Iuris,* das Ordenações e do *Code Civil,* e a nova concepção, nascida da crescente socialização da vida jurídica, cujo centro de gravitação se vem deslocando sucessivamente do Indivíduo para o *Grupo* e do *Grupo* para a *Nação*, compreendida esta como uma totalidade específica".

O projeto de lei que estruturava a Justiça do Trabalho foi longamente discutido, questões envolvendo o poder normativo e a representação classista provocaram intensa controvérsia. Dessa forma, mesmo prevista na Constituição de 1934, a Justiça do Trabalho acabou não sendo instalada, e o atraso na solução do debate foi uma das causas alegadas para o fechamento do Congresso Nacional e a implantação do Estado Novo, em 1937[11].

A Constituição de 1937, outorgada na mesma data da implantação da ditadura do Estado Novo, manteve a previsão referente à Justiça do Trabalho (art. 139)[12], repisando alguns pontos do texto constitucional de 1934. A Lei Maior de 1937 absorveu algumas das ideias básicas de Oliveira Vianna, as quais influenciaram a formação da Justiça do Trabalho, que continuou a ser órgão administrativo e não judicial.

A Justiça do Trabalho foi organizada pelo Decreto-lei n. 1.237, de 1º de maio de 1939, regulamentado pelo Decreto n. 6.596, de 12 de dezembro de 1940, que entrou em vigor em 1º de maio de 1941. A Comissão Especial incumbida de organizá-la foi presidida por Francisco Barbosa de Resende, quinto presidente do Conselho Nacional do Trabalho. Em 1º de maio de 1941, Getúlio Vargas, em ato público realizado no campo de futebol do Vasco da Gama, Rio de Janeiro, declarou instalada a Justiça do Trabalho, que passou a ser órgão autônomo, independente do Poder Executivo e da Justiça Comum, mas sem fazer parte, ainda, do Poder Judiciário, apesar de reconhecida sua função jurisdicional[13].

---
(10) *Ibid.*, p. 1.046.
(11) A História da Justiça do Trabalho no Brasil. Disponível em: <http:// www.amatra1.com.br> Acesso em: 12 mar. 2007.
(12) "Art. 139 – Para dirimir os conflitos oriundos das relações entre empregadores e empregados, reguladas na legislação social, é instituída a Justiça do Trabalho, que será regulada em lei e à qual não se aplicam as disposições desta Constituição relativas à competência, ao recrutamento e às prerrogativas da Justiça comum.
A greve e o *lock-out* são declarados recursos antissociais nocivos ao trabalho e ao capital e incompatíveis com os superiores interesses da produção nacional."
(13) TST – História – Disponível em: <http:// www.tst.gov.br/ ascs/história> Acesso em: 14 mar. 2008.

A Justiça Laboral ficou ordenada em três instâncias: na base, Juntas de Conciliação e Julgamento, sediadas nas capitais e principais cidades brasileiras, que conservaram o nome e a composição, sendo seu presidente um bacharel em direito nomeado pelo Presidente da República para mandato de dois anos, e dois vogais, que continuavam a ser indicados pelos sindicatos, para mandato também de dois anos, ou Juízes de Direito onde não existiam Juntas com competência para conciliar e julgar os dissídios individuais entre empregados e empregadores, assim como os contratos de empreiteiro operário ou artífice. Em segunda instância, os Conselhos Regionais do Trabalho, de formação paritária, sediados em variadas regiões do País, que deliberavam sobre recursos, e, originariamente, dissídios coletivos ocorridos na região onde exerciam sua jurisdição. Em nível superior, o Conselho Nacional do Trabalho, órgão de cúpula, igualmente de formação paritária, composto de duas Câmaras, uma da Justiça do Trabalho e outra da Previdência Social[14].

Organizou-se, também, a Procuradoria do Trabalho, atuando junto ao Conselho Nacional do Trabalho, e as Procuradorias Regionais, funcionando junto aos Conselhos Regionais do Trabalho. Às Juntas de Conciliação e Julgamento foi conferido o poder de executar suas próprias decisões, o que demonstra seu caráter jurisdicional, conforme observa *Amauri Mascaro Nascimento*[15]. Estabeleceu-se, assim, a Justiça do Trabalho com *status* legal de organismo judiciário autônomo dotado de poderes próprios, podendo julgar, executar e conhecer dos recursos trabalhistas, autonomamente, independente dos demais órgãos judiciários e do Poder Executivo, nada obstante seus órgãos fossem destituídos das garantias inerentes à magistratura.

Mesmo as decisões trabalhistas não dependendo mais da aprovação da Justiça Comum, que no sistema anterior poderia anulá-las por ocasião da execução, a Justiça do Trabalho, dotada nessa nova fase de poder coercitivo e exercendo funções judicantes, permanecia fora do Poder Judiciário. A manutenção no âmbito administrativo tinha como objetivo simplificar e dar maior rapidez às decisões, embora existisse a aspiração de torná-la parte integrante do Poder Judiciário desde a Constituição de 1934[16].

Consoante relato de *Wilson de Souza Campos Batalha*[17], Waldemar Ferreira, em sua obra *A Justiça do Trabalho*, v. II, de 1939, assim se manifesta sobre a instituição da Justiça do Trabalho fora da órbita do Poder Judiciário:

---
(14) TST – História – Disponível em: <http:// www.tst.gov.br/ ascs/história> Acesso em: 14 mar. 2008.
(15) *Curso de direito processual do trabalho*, p. 47.
(16) Consoante artigo publicado no site do TST – "História", a previsão da Justiça do Trabalho na Constituição de 1934 foi proposta, entre outros, pelos constituintes Abelardo Marinho, Waldemar Falcão, Medeiros Neto e Prado Kelly, os quais pensavam torná-la parte integrante do Poder Judiciário, tendo, contudo, prevalecido a posição de Levi Carneiro, de mantê-la no âmbito administrativo. Disponível em: <http://www.tst.gov.br/ascs/história> Acesso em: 12 mar. 2008.
(17) FERREIRA, Waldemar. *A Justiça do Trabalho*, v. II, p. 43, apud BATALHA, Wilson de Souza Campos. *Tratado de direito judiciário do trabalho*, p. 278-279.

Reclamava-se mentalidade nova, para atendimento e aplicação de direito novo. Nada de judiciarismos! Nada de formalismos! Nenhuma mística! Nenhum tropeço devido ao exagero da solenidade e à complexidade do estilo forense! Nada disso! Juízes leigos, embora jejunos em ciência jurídica, recrutados nos sindicatos ou associações de classe, por via de eleição, dariam a segurança de mister. Conhecedores dos pormenores da sua vida profissional, estariam mais aptos para dirimir as questões entre empregados e empregadores regidas pela legislação social. Desapegados de preconceitos destituídos do chamado senso judiciário, mais prontamente decidiriam as controvérsias, em regra oriundas da interpretação ou da aplicação dos contratos de trabalho. Resolveriam como técnicos, com mais sagacidade e com maior espírito de equidade, sob a vigilância permanente do representante do poder executivo, como presidente das comissões e tribunais paritários de conciliação e arbitragem ou de julgamento. São esses os motivos por que a Justiça do Trabalho ficou à margem do Poder Judiciário, insubmisso à sua disciplina.

Campos Batalha[18], meditando sobre a crítica ao judiciarismo da Justiça do Trabalho, sustenta que a tradição administrativa do Conselho Nacional do Trabalho e das Juntas de Conciliação, antecedente à aprovação do Decreto-lei n. 1.237, de 2 de maio de 1939, constituiu o primeiro embaraço enfrentado pela Justiça Laboral em sua origem. Observa que o desapego às fórmulas era de tal ordem que chegou mesmo a examinar no então Conselho Regional do Trabalho sentenças escritas "a lápis e em papel quadriculado".

1.4. A inclusão da Justiça do Trabalho na estrutura do Poder Judiciário

A organização da Justiça do Trabalho como órgão do Poder Judiciário foi feita pelo Decreto-lei n. 9.777, de 9 de setembro de 1946, e sua integração à estrutura do Poder Judiciário ocorreu com a Constituição de 18 de setembro de 1946 (art. 94)[19], consequência da redemocratização do País. Institui-se a carreira da judicatura trabalhista, com todas as garantias da magistratura, mantendo-se, por outro lado, o poder normativo e a estrutura paritária de seus órgãos, ou seja, a estrutura que tinha como órgão administrativo. O Conselho Nacional do Trabalho foi transformado no Tribunal Superior do Trabalho e os Conselhos Regionais em Tribunais Regionais do Trabalho (art. 122 da CF/46)[20].

---

(18) *Tratado de direito judiciário do trabalho*, p. 283.
(19) "Art. 94 – O Poder Judiciário é exercido pelos seguintes órgãos:
I – Supremo Tribunal Federal;
II – Tribunal Federal de Recursos;
III – Juízes e Tribunais militares;
IV – Juízes e Tribunais eleitorais;
V – Juízes e Tribunais do trabalho".
(20) "Art. 122 – Os órgãos da Justiça do Trabalho são os seguintes:

As Constituições posteriores, de 1967 (alterada pela Emenda Constitucional n. 1), de 1969 e de 1988 conservaram o mesmo modelo.

Para *Campos Batalha*[21], a representação classista paritária e a competência normativa foram características da Justiça Trabalho que a distinguiram de todos os outros órgãos do Poder Judiciário e sem as quais não teria sentido a existência de uma Justiça Especializada. Observa que a supressão do poder normativo e da representação dos empregadores na Itália teve como consequência a extinção da Justiça do Trabalho, passando os dissídios individuais à competência da Justiça ordinária, e os dissídios coletivos resolvidos por meio de negociação coletiva, sem solução jurisdicional ou legal. O processo do trabalho foi transformado em modalidade de processo ordinário, previsto pelo Código de Processo Civil italiano.

Não obstante as doutas formulações de *Campos Batalha*, o tempo tratou de demonstrar que não se aplicavam ao caso brasileiro, onde ocorreu exatamente o inverso. A Emenda Constitucional n. 24, de 9 de dezembro de 1999, extinguiu a representação classista na Justiça do Trabalho, e a Emenda Constitucional n. 45, de 31 de dezembro de 2004, introduziu modificações significativas no Poder Normativo, levando parte da doutrina a opinar pela sua extinção[22]; contudo, nenhuma dessas alterações provocou a extinção da Justiça do Trabalho.

O processo legislativo da Emenda Constitucional n. 45/04, que promoveu a Reforma do Judiciário, tramitou por mais de doze anos, período no qual cogitou-se, inclusive, da extinção da Justiça do Trabalho, que seria absorvida pela Justiça Federal, e da extinção completa do Poder Normativo, porém a versão final aprovada, longe de extinguir a Justiça Laboral, fortaleceu-a, conferindo-lhe enorme prestígio, com significativa ampliação de sua competência.

I – Tribunal Superior do Trabalho;
II – Tribunais Regionais do Trabalho;
III – Juntas ou Juízes de Conciliação e Julgamento;
§ 1º – O Tribunal Superior do Trabalho tem sede na Capital federal.
§ 2º – A lei fixará o número dos Tribunais Regionais do Trabalho e respectivas sedes.
§ 3º – A lei instituirá as Juntas de Conciliação e Julgamento podendo, nas Comarcas onde elas não forem instituídas, atribuir as suas funções aos Juízes de Direito.
§ 4º – Poderão ser criados por lei outros órgãos da Justiça do Trabalho.
§ 5º – A constituição, investidura, jurisdição, competência, garantias e condições de exercício dos órgãos da Justiça do Trabalho serão reguladas por lei, ficando assegurada a paridade de representação de empregados e empregadores".
(21) *Tratado de direito judiciário do trabalho*, p. 277.
(22) João de Lima Teixeira Filho, por exemplo, opina pela extinção do Poder Normativo após a Emenda Constitucional 45/04, conforme o Seminário "Repensando a CLT após a E.C. 45/04", realizado pela OAB do Rio de Janeiro, que discutiu a CLT. *Tribuna do advogado*. Disponível em: <http://www.pub.oab-rj.org.br/index> Acesso em: 4 abr. 2008.
Por outro lado, José Miguel de Campos, juiz do TRT da 3ª Região, em artigo publicado pela ANAMATRA, em 16 ago. 2005, sob o título Emenda Constitucional 45/04 e Poder Normativo da Justiça do Trabalho, destaca que os Tribunais Regionais do Trabalho de São Paulo e de Minas Gerais, por suas Sessões de Dissídios Coletivos, tiveram entendimentos no sentido de que nada mudara em relação ao Poder Normativo. Disponível em: <http: // www.anamatra.org.br/opinião/artigos> Acesso em: 4 abr. 2008.

A ideia do fim da Justiça do Trabalho certamente conformava-se em nosso contexto jurídico com um discurso neoliberal[23] de restrição de direitos sociais. Não foram poucas as opiniões doutrinárias no sentido de que o enfraquecimento dessa tese principiou com a Emenda Constitucional n. 20, de 15 de dezembro de 1998, que alterou o artigo 114 da Constituição Federal, ampliando a competência material da Justiça Laboral para a execução de ofício de contribuições sociais decorrentes de suas sentenças. Dessa forma, realizando cobranças fiscais, a Justiça do Trabalho deveria permanecer intocada, dada a relevância, para o Estado, de suas novas funções.

Marcus Orione Gonçalves Correia[24] faz veemente reparo a essa asserção, sustentando que o fator justificativo da sobrevivência da Justiça do Trabalho está na sua especialização em matéria trabalhista e não em tarefas estranhas à sua essência, afirmando que:

> A atuação desse ramo da Justiça, na proteção dos direitos dos trabalhadores, por si só, justificaria a sua sobrevivência – o que se acentua pela forma brilhante como ela vem lidando com esta premissa em que assenta a sua existência. A despeito de algumas deficiências, que não cabe aqui discutir, o método ali originado fez lição, tendo sido, inclusive, importado para os demais componentes da estrutura judiciária. Basta ver os juizados especiais cíveis das Justiças Estaduais e os que têm sido cogitados para a Justiça Federal. Todos partem de premissas de metodologia desenvolvida com relativo sucesso na Justiça Laboral – em especial a oralidade do procedimento e o destaque para a conciliação.

Extinta a representação classista pela Emenda Constitucional n. 24, de 9 de dezembro de 1999, a organização da Justiça do Trabalho deixou de ser paritária, transformando as Juntas de Conciliação e Julgamento em Varas do Trabalho, e os órgãos colegiados passaram a ser monocráticos.

1.5. A elaboração da CLT

Após a revolução de 1930, produziu-se no país uma grande quantidade de leis trabalhistas, cujo processo de elaboração no mais das vezes deixou de atender a um projeto coerente, dando lugar a um conjunto de leis desconexas. Consoante a análise de *Arnaldo Süssekind*[25], a formação do quadro legislativo do período compreendido entre 1930 e 1942 ocorreu em diferentes momentos políticos, "confundindo os seus destinatários, intérpretes e aplicadores". Com o objetivo

---

(23) PEREIRA, Luiz Carlos Bresser, em artigo intitulado Fim da onda neoliberal, publicado em 21 abr. 2008, no Jornal *Folha de São Paulo*, opina pela extinção, na atualidade, dessa onda ideológica que prevaleceu no mundo nos últimos 30 anos, sustentando que: "Essa ideologia reacionária que visava reformar o capitalismo global para fazê-lo voltar aos tempos do capitalismo liberal do século 19 revelou ter fôlego curto".
(24) Das inconsistências jurídicas da competência atribuída à Justiça do Trabalho para a execução de ofício de contribuições sociais decorrentes de suas sentenças. *Revista LTr*, São Paulo, v. 65, n. 4, p. 422-425, abr. 2001.
(25) *Instituições de direito do trabalho*, p. 64-66.

de superar essa reunião sem ordem, Alexandre Marcondes Filho, assumindo o cargo de Ministro do Trabalho, Indústria e Comércio e autorizado pelo presidente Getúlio Vargas, nomeou uma comissão[26] encarregada de estudar e elaborar um anteprojeto que reunisse em um só corpo toda a legislação produzida nessa fase, surgindo, então, o texto encaminhado ao Ministro do Trabalho que daria origem à Consolidação das Leis do Trabalho.

Com o abalizado testemunho de quem integrou a comissão elaboradora da Consolidação das Leis do Trabalho, *Arnaldo Süssekind*[27] explica que:

> Era preciso fazer um ordenamento sistemático das leis do trabalho, e a comissão da CLT teve de adotar três procedimentos diferentes. Primeiro: aquilo que era legislação da véspera – a organização Sindical, a Justiça do Trabalho – foi transplantado. Segundo: em relação àqueles decretos legislativos, leis e decretos-leis de três fases diferentes, que às vezes entravam num certo antagonismo, houve necessidade de dar uniformidade. Nesse caso apenas fizemos uma consolidação, uniformizando a linha doutrinária, cortando arestas etc. Mas havia um ponto importante: é que não se podia supor um ordenamento sistematizado sobre um ramo do direito sem um título introdutório, que estabelecesse os princípios, os conceitos de empregado, empresa, empregador etc. Aí nós tivemos de legislar realmente. O título 1, da Introdução, é absolutamente novo, não existia nada antes.

Como se vê, a CLT não tratou apenas de reunir leis esparsas, muito embora tenha sido denominada "Consolidação". As alterações e complementações que foram feitas na legislação vigente não eram próprias à fase de Consolidação, daí as muitas críticas endereçadas à comissão elaboradora, que justificou sua escolha sustentando que entre a mera coleção de leis e o código existia a consolidação, que se apresentava ideal naquele momento para o encadeamento dos textos e coordenação dos princípios.

Consoante relato de *Octacílio Paula Silva*[28], contra essa ideia protestaram Cesarino Junior, que entendia tratar-se de um código, e Orlando Gomes, que integrava uma terceira corrente para a qual não se tratava nem de consolidação, já que inovava a legislação vigente, tampouco era código, pois não havia estrutura lógica, sistema e coerência.

---

(26) Pela Portaria n. 791, de 29 jan. 1942, o então Ministro do Trabalho, Alexandre Marcondes Filho, nomeava comissão para elaboração do anteprojeto de Consolidação das Leis do Trabalho e de Previdência Social. Essa comissão foi desdobrada para que fossem elaborados dois anteprojetos, um para consolidar as leis do Trabalho, outro para as leis da previdência social. A comissão referente ao anteprojeto sobre leis trabalhistas era integrada por Luis Augusto de Rego Monteiro, Arnaldo Süssekind, Dorval Lacerda e José Segadas Vianna e o Consultor Jurídico do Ministério Oscar Saraiva.

(27) Entrevista concedida à Ângela Castro Gomes e Maria Celina D'Araújo. Disponível em: <http://www.cpdoc.fgv.br/revista/arq2 117. pdf> Acesso em: 11 mar. 08.

(28) Evolução histórica do direito processual do trabalho. In: BARROS, Alice Monteiro (coord.). *Compêndio de direito processual do trabalho*, p. 39-40.

Evaristo de Moraes Filho, citado por *Arnaldo Süssekind*[29], afirmava que "a discussão era bizantina" e não via nenhuma irregularidade na alteração ou não da legislação anterior, na medida em que à época não existia o Poder Legislativo[30], competindo ao Presidente da República baixar decretos-leis com força de legislação federal, ou seja, não havia a menor consequência jurídica perquirir se a CLT era código ou consolidação, uma vez que o chefe de Estado tinha poderes constitucionais para decretar os dois. A maior parte da doutrina trabalhista brasileira afirma que, com 13 anos de experiência em legislação do trabalho, já se podia, àquela época, ensaiar uma codificação.

A estrutura original da CLT, a qual se mantém até os dias atuais, compôs-se de 11 títulos subdivididos em capítulos, e estes em seções. O processo do trabalho é tratado a partir do título VIII até o XI (arts. 643 a 902). Como as regras processuais eram muito poucas, os consolidadores previram no art. 769 a aplicação subsidiária de regras do processo civil desde que compatíveis com o processo do trabalho. Desnecessário dizer os embaraços que o laconismo da consolidação no âmbito processual causa a seu intérprete ou aplicador, que não raro é obrigado a socorrer-se das normas do processo civil.

A inclusão de normas de direito material e processual num mesmo diploma legal foi e continua sendo objeto de crítica doutrinária. Traga-se como exemplo a opinião de *Eduardo Gabriel Saad*[31], contrária a essa reunião, na qual destaca as contribuições de Evaristo de Moraes Filho e Mozart Vitor Russomano direcionadas à divisão dessas normas.

Nesse sentido, Mozart Vitor Russomano, em vista das medidas tomadas nos governos dos presidentes Jânio Quadros e João Goulart, que criaram a *Comissão de Estudos Legislativos* e alteraram a primitiva legislação, elaborou um projeto de Código Judiciário do Trabalho, considerado exemplar pela doutrina. Esse projeto foi enviado ao Congresso em fins de 1963 e dele retirado, mais tarde, em razão do movimento de 1964.

Evaristo de Moraes Filho, a seu turno, elaborou, a convite do ministro João Mangabeira, um projeto de Código do Trabalho publicado no *Diário Oficial da União* de 23 de abril de 1963, deixando de lado o processo do trabalho. Em 15 de julho de 1965, após ser revisto, esse projeto foi apresentado ao ministro Milton Campos[32]. Lamentavelmente, tudo o que continham esses projetos nunca foi aproveitado pelos nossos legisladores, e a CLT continuou a tratar conjuntamente direito material e processual.

---
(29) *Instituições de direito do trabalho*, v. 1, p. 68-69.
(30) Consoante o artigo 180 da Constituição Federal de 1937:
"Art. 180 – Enquanto não se reunir o Parlamento nacional, o Presidente da República terá o poder de expedir decretos-leis sobre todas as matérias da competência legislativa da União".
(31) *CLT comentada*, p. 22-23.
(32) *Dicionário Histórico-Biográfico Brasileiro* – CPDOC – Fundação Getúlio Vargas. "Consolidação das Leis do Trabalho – CLT". Disponível em: <http://www.cpdoc.fgv.br/dhbb/verbetes_hrm/5802> Acesso em: 19 mar. 2008.

Posteriormente, aproveitando muitas das sugestões contidas nos projetos apresentados por Mozart Vitor Russomano e Evaristo de Moraes Filho, o Decreto-lei n. 229, de 28 de fevereiro de 1967, autorizou o Poder Executivo a elaborar nova CLT, contudo, tal faculdade nunca foi aproveitada, tendo sido abandonada em seu todo pelo governo.

Segundo *Arnaldo Süssekind*[33], no governo do presidente Ernesto Geisel chegou-se a elaborar projeto sobre a Justiça do Trabalho e o Processo Judiciário do Trabalho, porém a deliberação final foi deixada para o governo sucessor, que rechaçou a ideia de uma nova CLT, designando uma comissão para elaborar um anteprojeto de Código de Trabalho; no entanto, nenhum texto foi produzido.

Em 1992 foi elaborado pelos ministros do TST, Carlos Alberto Barata Silva e José Luiz Vasconcellos, um projeto de Código de Processo do Trabalho, o qual não chegou a ser encaminhado ao Congresso Nacional. *Eduardo Gabriel Saad*[34] nota, a esse respeito, que o trabalho desses dois magistrados fundia, num só texto, "normas específicas e peculiares do processo do trabalho com as do Código de Processo Civil que a ele se aplicavam subsidiariamente".

Hodiernamente, o Projeto de Lei n. 1987/2007, de autoria do deputado Cândido Vaccarezza (PT-SP), prevê inúmeras alterações no texto atual da CLT no que se refere ao direito material do trabalho, revogando os artigos 1º ao 642, e reunindo toda a legislação trabalhista em vigor num só texto legal, porém não trata da parte processual.

No seminário realizado em 3 de abril de 2008, pelo Grupo de Trabalho de Consolidação das Leis, coordenado pelo deputado Vaccarezza, esse projeto foi duramente criticado pelo presidente da Ordem dos Advogados do Brasil, Cezar Brito, e pelo ministro do Tribunal Superior do Trabalho, Lélio Bentes, a ponto de o deputado autor do projeto admitir a possibilidade de retirá-lo. Contudo, nova versão aperfeiçoada do Projeto de Lei n. 1987/2007 deverá constar no relatório do deputado Arnaldo Jardim (PPS-SP)[35]. Para o atual Secretário da Reforma do Judiciário do Ministério da Justiça, Rogério Favreto, o texto da CLT, além de atual, atende aos fins sociais, não havendo razão para alterações[36].

Com relação ao direito processual do trabalho, como se viu linhas atrás, historicamente, surgiu após o direito do trabalho com a finalidade essencial de realizar concreta e eficazmente o direito material quando não cumprido de forma espontânea.

---
(33) *Instituições de direito do trabalho,* v. 1, p. 75-76.
(34) *Direito processual do trabalho,* p. 57.
(35) *Cezar Britto condena projeto de Vaccarezza que altera CLT.* Disponível em: <http:// www.oab.org.br/notícia> Acesso em: 08 abr. 2008.
(36) *Câmara chama MJ para falar sobre leis trabalhistas.* Disponível em: <http://www.mj.gov.br/data/pages> Acesso em: 10 abr. 2008.

Assim, no direito brasileiro, o direito processual do trabalho, como ramo autônomo, tem início após a criação da CLT. Por ocasião de seu aparecimento, na primeira metade do século XX, foi considerado uma inovação sem precedentes. Coerente com os objetivos do direito material e com a própria origem da Justiça do Trabalho, despiu-se do formalismo burocrático e adotou a simplicidade. Consagrou os princípios da oralidade, celeridade e eficácia, mostrando-se, à época, bastante avançado, o que provocou uma certa relutância no âmbito do direito processual, que vislumbrava riscos à segurança e à dignidade da Justiça. Se é certo que o texto contido na CLT foi impregnado de imperfeições técnicas, não menos certo é que o direito processual do trabalho foi estruturado num período em que a própria ciência processual ainda não estava suficientemente desenvolvida.

Apesar das críticas iniciais, o processo do trabalho acabou servindo de modelo ao processo civil comum, o qual adotou, tempos depois, por exemplo, a citação por correio com aviso de recebimento e a audiência prévia de conciliação, e, atualmente, vem buscando simplificar-se cada vez mais em atenção à celeridade e à eficácia. O direito processual trabalhista, entretanto, foi afastando-se de suas origens e atrelando-se à antiga estrutura do direito processual civil.

Mesmo sendo escassa a normatização do processo do trabalho, isso não lhe retira a importância e autonomia. Nada obstante a imprecisão e o laconismo de suas normas, o processo do trabalho ainda se mantém avançado em relação ao processo civil, ao menos no que diz respeito à postura inquisitorial do magistrado trabalhista (arts. 765 e 878 da CLT) e à irrecorribilidade das decisões interlocutórias (art. 893, § 1º, da CLT).

A exaltação do processo do trabalho, com apoio no caráter vanguardista que lhe marcou a existência, é condenada por muitos doutrinadores. Parece-nos ser esta a posição de *Paulo Henrique Tavares da Silva*[37], que assim se manifesta:

> De logo, gostaria de deixar estabelecido que integro o grupo daqueles que antes denominei de "holísticos", porque nunca fui convencido dessa inteireza nem do processo e muito menos do direito do trabalho. Talvez essa crença cega tenha motivado o surgimento de certa divinização em torno da CLT, em especial dos seus procedimentos, sempre apregoados como simples, econômicos e eficazes quando comparados com o procedimento comum civil. Esse raciocínio caía bem no período que vai de 1940 a 1970. Tão logo entrou em vigor o CPC de 1973, já se estabelecia um sistema muito mais alicerçado teoricamente, iniciando-se, daí em diante, um silencioso, porém desbragado uso subsidiário daquela norma e de outras especiais, na seara trabalhista.

---

(37) Minha nova execução trabalhista. In: CHAVES, Luciano Athayde (org.). *Direito processual do trabalho*: reforma e efetividade, p. 181.

O direito processual do trabalho é afligido, ainda, por um defeito estrutural que consiste na dispersão de suas regras em diplomas legislativos, tais como a CLT, o CPC e as Leis dos Executivos Fiscais, entre outras.

Desde a criação da CLT, poucas foram as alterações ocorridas no processo do trabalho, merecendo destaque a Lei n. 5.584, de 26 de junho de 1970; a Lei n. 9.957, de 12 de janeiro de 2000, que criou o procedimento sumaríssimo; e a Lei n. 9.958, de 12 de janeiro de 2000, que dispôs sobre as Comissões de Conciliação Prévia e possibilitou a execução de título extrajudicial. A maior parte dessas mudanças é considerada de duvidosa eficácia.

1.6. A reforma do Judiciário

Os graves problemas do judiciário brasileiro agindo perversamente no desenvolvimento nacional impuseram a necessidade de reforma do sistema judicial, de modo que a reforma processualística passou a ocupar a centralidade do debate em torno do judiciário.

No primeiro ano do governo do presidente Luiz Inácio Lula da Silva, foi criada a Secretaria de Reforma do Judiciário no âmbito do Ministério da Justiça, com o objetivo de promover, coordenar e sistematizar propostas referentes à reforma do judiciário, desempenhando principalmente o papel de órgão articulador entre os Poderes Executivo, Judiciário e Legislativo, o Ministério Público, governos estaduais, municipais e entidades da sociedade civil. Com a intenção de implementar mudanças legislativas necessárias à melhoria da prestação jurisdicional, os três Poderes do Estado subscreveram, em 15 de dezembro de 2004, o Pacto de Estado em favor de um Judiciário mais rápido e Republicano[38], resultando na promulgação da Emenda Constitucional n. 45/2004.

Propostas de alteração na legislação processual civil, penal e trabalhista foram coordenadas pela Secretaria de Reforma do Judiciário do Ministério da Justiça em conjunto com o Supremo Tribunal Federal, a partir de proposições apresentadas nos últimos anos pelos Tribunais, juristas e magistrados, assim como diversas entidades, tais como o Instituto Brasileiro de Direito Processual (IBDP), a Associação dos Magistrados Brasileiros (AMB), a Associação dos Juízes Federais do Brasil (AJUFE), entre outras.

A reforma infraconstitucional do Poder Judiciário foi composta de 26 projetos de Lei encaminhados pelo Executivo ao Congresso Nacional. As propostas

---

(38) Cuida-se de documento de natureza política assinado pelo presidente Luiz Inácio Lula da Silva e pelos presidentes do Senado, senador José Sarney, da Câmara dos Deputados, deputado João Paulo Cunha, e do Supremo Tribunal Federal, ministro Nélson Jobim. O texto enumera 11 compromissos a serem adotados pelos três Poderes com a finalidade de tornar o Poder Judiciário mais eficiente e acessível à população. Disponível em: <htpp://www.mj.gov.br/reforma> Acesso em: 7 abr. 08.

de alteração do processo do trabalho[39], que contou com a participação ativa do Tribunal Superior do Trabalho, foram consideradas, por parte da doutrina, de expressividade relativa em cotejo com as formuladas para o Processo Civil. Nesse sentido a posição de *Luciano Athayde Chaves*[40]:

> As propostas incluídas no Pacto para o Processo do Trabalho são tímidas, em contraste com aquelas em curso ou já convertidas em lei relativamente ao processo comum. Buscam alterações pontuais e ajustes no sistema recursal, principalmente.

Observando-se as reformas do direito processual civil, constata-se que houve uma preocupação muito maior do legislador com esse ramo do direito processual, o que nos leva a questionar por qual razão não foram dispensadas maiores atenções ao direito processual do trabalho, mormente, a partir do advento da Emenda Constitucional n. 45/04, que elasteceu significativamente a competência da Justiça Laboral. Chama a atenção a paralisação da maioria dos projetos de leis que tratam da reforma do processo do trabalho, enquanto os que contemplam a lei processual civil não só foram aprovados como já entraram em vigor.

Mais de uma tese procura explicar essa situação. Para alguns doutrinadores, o fato se justifica pela ausência de autonomia do direito processual do trabalho e pela sua necessidade de buscar subsídios no direito processual civil. Essa é a posição de *Francisco Antonio de Oliveira*[41], para quem:

> A explicação está no fato de o processo do trabalho não ter ainda adquirido a sua autonomia e ser obrigado a buscar subsídios no processo civil (art. 769). A busca subsidiária se faz de forma suplementar e complementar. Na grande maioria dos casos, principalmente na execução, a busca é suplementar porque a CLT pouco legisla sobre a execução.

Para outros, entretanto, o motivo é de natureza política, já que todo assunto no âmbito trabalhista desperta intenso debate ideológico, sobretudo por envolver aspectos que refletirão no contexto econômico. Traga-se como exemplo, novamente, a opinião de *Luciano Athayde Chaves*[42], que assim se manifesta:

> Não é tarefa das mais palatáveis hoje aprovar, no Congresso Nacional, matéria relativamente ao mundo do trabalho, precisamente porque es-

---

(39) Alterações ao Processo Trabalhista: Projeto de Lei n. 4730/2004 (autenticação de cópias); Projeto de Lei n. 4731/2004 (execução trabalhista); Projeto de Lei n. 4732/2004 (recurso de revista); Projeto de Lei n. 4733 (reduz o cabimento de embargos no âmbito do TST), transformado na Lei Ordinária n. 11.496, de 22.06.07; Projeto de Lei n. 4734/2004 (depósito recursal trabalhista); Projeto de Lei n. 4735/2004 (ação rescisória), transformado na Lei Ordinária n. 11.485, de 22.06.07.
(40) As reformas processuais e o processo do trabalho. Disponível em: <http://www.jusnaveganti> Acesso em: 11 abr. 2008.
(41) Comentários à Lei n. 11.382/06 – Fatores positivos e negativos na eficácia da sentença condenatória – subsídios para a execução trabalhista. Revista LTr, São Paulo, v. 71, n. 3, mar. 2007. p. 263.
(42) As reformas processuais e o processo do trabalho. Disponível em: <http://www.jusnaveganti> Acesso em: 11 abr. 2008.

ses temas sempre despertaram acalorados debates Ideológicos, de claros contornos econômicos. Somente uma forte costura política é capaz de emprestar capital político a uma proposta mais ousada no campo da reforma processual trabalhista.

A questão da autonomia do direito processual do trabalho é discutível na doutrina, existindo duas correntes tratando a matéria: uma, a teoria monista, que entende o direito processual como um só, não havendo direito processual do trabalho em separado; a outra, a teoria dualista, que conta com a maioria dos juslaboralistas, crê na autonomia do direito processual do trabalho na medida em que estão presentes as autonomias legislativa, didática, doutrinária, científica e jurisdicional.

Já a perspectiva da falta de vontade política na realização da reforma processual trabalhista parece reunir mais adeptos, que também acrescentam que o atual quadro legislativo é favorável ao governo do ponto de vista tributário e financeiro. *Pierpaolo Bottini*[43], quando esteve à frente da Secretaria da Reforma do Judiciário do Ministério da Justiça, afirmou, em entrevista publicada na *Revista da Anamatra*, que:

> Pelos interesses representados no Congresso. O processo civil tramita com mais facilidade, pois a quantidade de parlamentares que se envolvem "apaixonadamente" na discussão é menor. O processo trabalhista, por sua vez, envolve não só a questão técnico-processual, mas também a material. Todas as questões que lidam com a relação capital versus trabalho geram polêmica e discussão. Para discutir reforma trabalhista o acirramento do ânimo político é sempre maior... No Congresso Nacional temos interesses de empregadores e de trabalhadores que naturalmente vão se conflitar. O setor de empregadores de má-fé tem seus representantes no Congresso e isso dificulta a tramitação do processo trabalhista.

Acreditamos que a desatenção do legislador com o direito processual do trabalho reside na combinação perversa dessas duas proposições, pois tanto a falta de desvinculação integral do direito processual civil, que resvala em sua autonomia, como a ausência de vontade política contribuem para o descaso do Poder Legislativo.

A preocupação de todos que atuam profissionalmente na Justiça Laboral com os problemas enfrentados pelo processo do trabalho deu origem a várias propostas legislativas de reforma processual trabalhista, especialmente após as reformas de Estado encetadas pelo Poder Executivo. Além da participação ativa do Tribunal Superior do Trabalho no encaminhamento de propostas de Reforma do Processo do Trabalho, a Associação Nacional dos Magistrados Trabalhistas

---

(43) O juiz não pode trabalhar em velocidade industrial. *Revista da Anamatra*, n. 51. Disponível em: <http://www.anamatra.org.br/pub/periodicos/rev_anamatra> Acesso em: 15 abr. 2008.

elaborou uma série de anteprojetos relativos ao tema, e, mais recentemente, a Associação Brasileira de Advogados Trabalhistas aprovou no Congresso Nacional de Advogados Trabalhistas, realizado em Recife-PE, no final do ano de 2007, uma proposta de Reforma Processual Trabalhista.

O deputado Carlos Bezerra, também no ano de 2007, apresentou o Projeto de Lei n. 1.939/07, o qual dá nova redação ao Capítulo V do Título X da CLT, que disciplina o processo de execução trabalhista, buscando introduzir no âmbito trabalhista os mesmos avanços implementados no processo civil, mormente, no diz respeito ao sincretismo processual. Com isso, nas hipóteses de execução de sentença trabalhista ou de termo de conciliação judicial, a citação passa a ser substituída pela simples intimação do executado, pessoalmente ou na pessoa do seu advogado. Consoante a proposta legislativa, a partir da intimação, o pagamento deverá ser efetuado pelo devedor no prazo de 15 dias, sob pena de incidência de multa de vinte por cento sobre o valor devido.

Em fevereiro de 2008, os senadores Eduardo Suplicy e Antonio Carlos Valadares requereram à Comissão de Constituição e Justiça do Senado a criação de um grupo de trabalho, integrado por cinco senadores, com o intuito de discutir a reforma de normas processuais trabalhistas[44].

Na atualidade, tramitam nas Casas Parlamentares vários projetos propondo alterações na legislação processual trabalhista, inclusive alguns que autorizam o uso do direito processual comum, independentemente de haver ou não omissão na legislação trabalhista, sempre que sua aplicação tornar o desfecho da ação mais célere do que a legislação processual trabalhista[45], o que no nosso sentir aniquila toda a técnica do direito processual trabalhista.

Delineado, assim, um conciso panorama histórico e evolutivo do direito processual do trabalho, passamos, a seguir, a abordar os principais aspectos da estrutura processual da execução trabalhista dele imanente.

---

(44) O vice-presidente da Anamatra, Luciano Athayde Chaves, assim se manifestou: *"a criação do grupo faz-se importante pela necessidade premente de aperfeiçoar o processo trabalhista, atualmente defasado, o que vem demandando, cada vez mais, a consulta dos magistrados ao Processo Civil, em especial na parte referente à execução"*. Anamatra discute com parlamentares criação de grupo de trabalho para atualização de normas processuais trabalhistas. Disponível em: <http://anamatra.org.br/noticias> Acesso em: 15 abr. 2008.

(45) Nesse sentido, por exemplo, os seguintes Projetos de Lei: n. 7.152, de 31 maio 2006, de autoria do deputado Luiz Antonio Fleury (PTB-SP); n. 1503, de 4 jul. 2008, do deputado Edgar Moury (PMDB-PE); e n. 1957, de 5 set. 2007, do deputado Fernando de Fabinho (DEM-BA). Os dois últimos projetos de lei tramitam apensados.

2. A execução no processo do trabalho: principais aspectos

2.1. Breves considerações históricas sobre a execução

A execução desenvolveu-se ao longo das civilizações com enorme dramaticidade. Nas lições de *Humberto Theodoro Júnior*[1], ao tempo da fundação de Roma, embora já transposto o primitivo e violento estágio da autodefesa, ainda se mantinham nas primeiras figuras processuais resquícios significativos da autotutela.

A execução, no mais antigo sistema romano (*legis actiones*), era regulada pela Lei das XII Tábuas, que só conhecia a execução pessoal. Nessa forma de execução, rápida e sumária, a atividade executiva voltava-se contra a pessoa do devedor e não de seus bens, o credor, segurando o devedor pelo corpo (*manus iniciebat*), podia requerer ao magistrado sua adjudicação. A única oportunidade de defesa que se abria para o réu era por meio do *vindex,* representado por um terceiro que podia intervir no processo e por ele se responsabilizar.

Uma vez adjudicado, o devedor submetia-se, primeiramente, à servidão em caráter provisório com duração de dois meses, período no qual competia ao credor diligenciar seu resgate pelo valor da condenação, que podia ser feito por um amigo ou parente. Não havendo pagamento, o devedor tornava-se escravo definitivo. A Lei das XII Tábuas permitia a execução do devedor que não sanasse sua dívida até a morte e a partilha do cadáver, alternativa mais tarde substituída pela possibilidade de o devedor manter-se escravo do credor até que, com seu trabalho, conseguisse resgatar sua dívida[2].

O sistema das *legis actiones* foi posteriormente revogado pela lei Ebúcia e pelas leis Júlias, e substituído pelo processo *per formulas*. No processo formulário, o meio apropriado para a execução não era mais a *manus iniectio* e sim a *actio iudicati*, que amenizava a rigidez da execução pessoal do devedor, possibilitando contraditório e defesa. Nada obstante a execução contra a pessoa do devedor não ter sido completamente banida, na maioria das vezes, os atos executivos recaíam tão somente sobre o patrimônio do devedor[3].

---
(1) *A execução de sentença e a garantia do devido processo legal*, p. 83.
(2) *Ibid.*, p. 88-94.
(3) *A execução de sentença e a garantia do devido processo legal*, p. 95-108.

Os sistemas das *legis actiones* e da *actio iudicati*, denominados de *ordo iudiciorum privatorum*, que se caracterizaram pelo cunho privatístico, com a participação do Estado e de juízes privados, deram lugar à *cognitio extra ordinem*, que inaugurou a fase de publicização do processo, com a eliminação do *iudex* privado, e representou notável evolução no direito romano. Nesse período, a execução não devia ultrapassar a parcela do patrimônio do devedor que fosse suficiente para satisfazer o crédito do exequente[4].

A evolução da execução privada para a execução judicial no direito romano tinha o desiderato de impedir a autodefesa. Com o predomínio do direito germânico, após o declínio do Império Romano, voltou-se a adotar, num ato de retrocesso, a execução privada, na qual era comum o credor se utilizar da força e da vingança pessoal para realização de seu crédito. O processo germânico caracterizou-se, ainda, por não diferenciar o processo de conhecimento e o de execução. Nas palavras de *Humberto Theodoro Júnior*[5]:

> Para o povo germânico, como já se expôs, "o procedimento destinado à satisfação do credor constituía um todo unitário, no qual se podia inserir a cognição como um incidente autônomo, e ao pronunciamento da sentença sucedia diretamente, por obra do próprio juiz, a atividade tendente a obter o adimplemento do devedor, ou, quando menos, análoga promessa em forma solene, sem que, por isso, fosse mister um requerimento especial do credor, o qual estava já implícito na petição inicial, que objetivava não uma sentença, senão o resultado, concreto, final, consistente no pagamento do débito ou na restituição da soma ou outra coisa qualquer.

Na Idade Média, contudo, além das significativas criações artísticas e meditações filosóficas, ocorreram também expressivas realizações jurídico-políticas. O método arbitrário da execução bárbara e o formalismo excessivo do processo romano foram, em conjunto, superados pela execução *per officium iudicis*, que consistia na atribuição de eficácia nova à sentença condenatória, independentemente de uma nova ação e um novo contraditório entre as partes.

Essa ideia simples que se fez da execução nos tempos mediáveis foi sendo destruída e afastada no direito contemporâneo de origem romanística, o qual voltou a adotar, porém de forma temperada, a *actio iudicati*[6]. Por outro lado, a prática da execução corporal tornou-se inaceitável, passando os textos legais modernos a conter disposições referentes à integridade física, à liberdade e à dignidade do devedor. É certo que a influência cristã contribuiu muito para a humanização das execuções por dívidas.

---

(4) *Ibid.*, p. 109-113.
(5) *Ibid.*, p. 137.
(6) *Op. cit.*, p. 215-216.

No direito brasileiro, a execução forçada foi implantada pelas Ordenações portuguesas. O ordenamento jurídico português foi influenciado pelo direito romano-canônico, e desde a sua origem medieval conheceu duas formas de execução: a *actio iudicati* e a execução *per officium iudicis*[7].

A atividade jurisdicional nos sistemas processuais modernos não se exaure com o término da fase de conhecimento. Contemporaneamente, os Estados democráticos conferem o mesmo caráter público às fases de cognição e execução, incorporando codificações e regulamentos.

No direito pátrio, a execução é essencialmente patrimonial, a responsabilidade do devedor repercute sobre seus bens, e, por exceção, em bens de terceiros (fiador ou sócio), salvo as restrições estabelecidas na lei. Em hipóteses específicas, admite-se a coação pessoal, como é o caso da prestação alimentícia e do depositário infiel[8].

2.2. Um conceito de execução

Colhem-se, na doutrina, definições lapidares sobre a execução. Nas lições de *Pedro Paulo Teixeira Manus*[9], a execução no âmbito processual trabalhista "é o conjunto de atos processuais suficientes e necessários para dar cumprimento ao título executivo", observando que a essa formulação deve ser acrescentada a ideia de que:

> (...) a execução é cumprimento de título executivo judicial, quando decorrente de sentença ou de acordo judicial, ou é o cumprimento de título executivo extrajudicial nos demais casos mencionados pelo art. 876 da CLT.

Para *José Frederico Marques*[10], a execução forçada é "um conjunto de atos, processualmente aglutinados, que se destinam a fazer cumprir, coativamente, prestação a que a lei concede pronta e imediata exigibilidade".

Sérgio Seiji Shimura[11], ressalvando que o conteúdo prático de uma sanção patrimonial pode ser de mais de uma ordem, na medida em que, consoante meditação chiovendiana, os meios executivos subdividem-se em meios de coação e meios de sub-rogação, conceitua a execução como:

> (...) uma cadeia de atos de atuação da vontade sancionatória, tendentes à realização de uma conduta prática do devedor, por meio dos quais, com

---

(7) *Op. cit.*, p. 142.
(8) Em recente decisão do Plenário do STF, deliberou-se que, desde a ratificação pelo Brasil do Pacto Internacional dos Direitos Civis e Políticos (art. 11) e do Pacto de São José da Costa Rica (Convenção Americana sobre Direitos Humanos aprovada no Brasil pelo Decreto Legislativo n. 27, de 25 set. 1992, e promulgada pelo Decreto n. 678, de 6 nov. 1992), não haveria mais base legal para a prisão civil do depositário infiel, inserta no item LXVII do art. 5º da CF/88, mas tão somente para a prisão civil decorrente de dívida de alimentos.
(9) *Execução de sentença no processo do trabalho*, p. 15-16.
(10) *Manual de direito processual civil*, p. 1.
(11) *Título executivo*, p. 25.

ou sem a sua participação, invade-se o seu patrimônio para, à custa dele, obter-se o resultado previsto pelo direito material.

Na definição de *Humberto Theodoro Junior*[12], execução forçada é a "atividade desenvolvida pelos órgãos judiciários para dar atuação à sanção".

Cotejando-se esses conceitos, percebe-se que em todos está contida a ideia de coercitividade da atividade jurisdicional do Estado, isto porque a sentença condenatória, além de declarar o direito, também impõe ao devedor o cumprimento de uma obrigação[13]. Saliente-se que a ideia da execução como sanção ao devedor inadimplente é adotada por quase todos os juristas pátrios, influenciados que foram pela denominada "Escola de Direito Processual de São Paulo", fundada pelo notável processualista italiano Enrico Tullio Liebman, que desenvolveu essa teoria.

Quando o Estado Moderno assumiu para si a atividade de solucionar heteronomamente os conflitos de interesse, proibindo, em regra, a autodefesa, deu ensejo ao surgimento dos institutos da jurisdição, da ação e do processo. Como a execução está compreendida no conceito de ação, própria da jurisdição, o credor não pode utilizar meios coercitivos próprios para a satisfação de seu crédito, mas sim requerê-la ao Estado-juiz que detém o aparato jurídico coercitivo.

A despeito da complexidade que envolve a busca de um conceito de um instituto de direito, mas por ser imprescindível à harmonia de uma investigação e necessária àqueles que tomam a execução como objeto de estudo, encorajamo-nos a sustentar, mesmo após as brilhantes conceituações feitas pelos mestres aqui citados, singela e genericamente, que a execução pode ser entendida como uma reunião de atos do Estado, de caráter coercitivo, dispostos a constranger o devedor ao cumprimento de sua obrigação.

Por outro lado, alguns doutrinadores observam que com a reforma do Código de Processo Civil operada pela Lei n. 11.232, de 22 de dezembro de 2005, que modificou substancialmente a execução de título judicial, grande parte do conceito de execução migrou, surpreendentemente, do Livro II do CPC para o Livro I, para integrar-se ao que se passou a denominar cumprimento de sentença.

Como bem acentuam *Nelson Nery Junior* e *Rosa Maria de Andrade Nery*[14]: "evidentemente não se muda a natureza das coisas por simples alteração legislativa, de modo que a execução continua sendo execução, ainda que topicamente localizada no Livro do Processo de Conhecimento do CPC".

---
(12) *Curso de direito processual civil*, v. II, p. 7.
(13) ROBORTELLA, Luiz Carlos Amorim enfatiza que: *"Se a sentença fosse o ato final da atividade jurisdicional, não oferecendo ao vencedor, ou credor, meios para torná-la realidade concreta, não só enfraqueceria o direito como estimularia a autodefesa ou a justiça privada"*. Processo de execução trabalhista no direito brasileiro. *Revista LTr*, São Paulo, v. 49, n. 7, p. 801, jul. 1985.
(14) *Código de Processo Civil comentado*, p. 639.

2.3. Evolução histórica da execução trabalhista

Conforme examinamos na primeira parte do estudo, os primeiros órgãos da Justiça do Trabalho tiveram origem administrativa, nascendo privados de algumas prerrogativas jurisdicionais. Subordinados, à época, ao Ministério do Trabalho, Indústria e Comércio, esses órgãos tinham competência[15] para conhecer e julgar os dissídios, no entanto, não tinham o poder de fazer cumprir suas próprias decisões. O fato de as Juntas de Conciliação e Julgamento não comporem o Poder Judiciário tirava-lhes o poder de executar suas próprias sentenças, o que deveria ser feito pela Justiça Comum, que poderia até mesmo anular as sentenças proferidas pelas Juntas.

A lenta transição desses órgãos da esfera administrativa para a jurisdicional teve início com a Carta de 1934, prolongando-se até o advento do Decreto-lei n. 1.237, de 2 de maio de 1939, em vigor a partir de 1º de maio de 1941, que organizou a Justiça do Trabalho. Desde então, não se discutiu mais sua natureza jurisdicional, nada obstante, sob a perspectiva constitucional, esse reconhecimento tenha se concretizado somente com a Constituição de 1946.

O Decreto-lei n. 1.237/39 atribuiu às Juntas de Conciliação e Julgamento competência para executarem suas próprias decisões, passando assim a reunir, consoante definição de *Campos Batalha*[16], *notio* e *imperium*.

José Augusto Rodrigues Pinto[17] ressalta que a dependência, a qual qualifica de promíscua, da Justiça do Trabalho, em sua fase primitiva, à Justiça Comum, coincidiu com a época da passagem dos códigos de processo estaduais para o processo federalizado, quando a Constituição de 1934 atribuiu primordialmente à União e supletivamente aos Estados a competência para legislar sobre matéria processual, que materializou-se com o Decreto-lei n. 1.608, de 18 de setembro de 1939, o qual outorgou o Código de Processo Civil.

Por outro lado, chama a atenção para o fato de que foi no âmbito do cumprimento forçado das decisões que proferissem que os órgãos da Justiça da Trabalho mais sofreram restrições, justamente "quando lhes seria fundamental toda a força de um império que a lei não lhes concedia"[18]. Consequentemente, enquanto o processo de cognição era contemplado progressivamente com regras próprias para sua condução, o mesmo não ocorria com o processo de execução, provocando um descompasso entre o desenvolvimento dos processos de conhecimento e de execução trabalhista.

Dessa forma, enfatiza *Rodrigues Pinto* que o processo do trabalho brasileiro, na esfera executória, foi edificado a partir de um processo não sistematizado,

---

(15) Essa competência não era absoluta, uma vez que o titular do Ministério do Trabalho, Indústria e Comércio dispunha do poder avocatório, que autorizava a alteração das decisões proferidas pelas Juntas de Conciliação e Julgamento.
(16) BATALHA, Wilson de Souza Campos. *Tratado de direito judiciário do trabalho*, p. 262.
(17) Execução trabalhista: aspectos críticos. *Revista LTr*, São Paulo, v. 63, n. 1, p. 20-21, jan. 1999.
(18) *Op. cit.*, p. 21.

"meramente programático em torno do princípio da celeridade processual e de sua técnica caudatária da concentração de atos"[19], o que determinou sua dependência às normas contidas em diplomas legais estranhos a sua especificidade, que sequer incorporavam a ideia de rapidez norteadora da execução laboral, concluindo que[20]:

> (...) o processo executório trabalhista, tolhido nas suas nascentes pela falta de competência para fazer cumprir, pelos órgãos que a proferissem, suas decisões nos dissídios do trabalho, passou a sofrer das seguintes sequelas danosas à sua perfeita sistematização:
>
> a) atrofia evolutiva, comparativamente com o processo de conhecimento;
>
> b) ausência de formação de um sistema completo de normas próprias;
>
> c) utilização de regras formais adaptadas a sistemas processuais diversos.

Reina, por isso, quase unânime concordância na doutrina de que essa atormentada evolução histórica foi a causa primeira dos males que acometeram a execução trabalhista, e da qual todos os outros são derivantes.

2.4. Natureza jurídica da execução trabalhista

Embora já tenha sido vista sob o prisma do direito natural, a natureza jurídica trata da análise científica de um campo específico do Direito[21].

A discussão sobre a natureza jurídica da execução trabalhista, que parecia arrefecida, voltou a ocupar algum espaço nos debates doutrinários e jurisprudenciais em vista das transformações havidas na execução laboral, trazidas pelas Leis n. 9.958/2000, n. 10.035/2000 e pela Emenda Constitucional 45/2004; e no Processo Civil, com o advento da Lei n. 11.232/05.

A natureza jurídica da execução de sentença constitui antigo debate doutrinário surgido antes mesmo do aparecimento do Código de Processo Civil de 1939, e intensificado durante a sua vigência. Debatiam-se, à época, duas correntes doutrinárias: de um lado, sustentava-se que a execução era parte integrante da ação e por isso mera fase do procedimento; de outro lado, defendia-se a autonomia da execução.

O Código de Processo Civil de 1939 dividiu o processo de execução em ação executiva e execução de sentença. Na sistemática do CPC de 1939, a execução de sentença não era designada como processo, e o fato de ser enunciada como "execução de sentença" conduzia à interpretação de que o processo de conhecimento

---
(19) *Execução trabalhista*, p. 38-39.
(20) *Op. cit.*, p. 39.
(21) PISTORI, Gerson Lacerda. A natureza jurídica da execução trabalhista. Disponível em: <http://www.jtcamp.jus.br/escola da magistratura/rev27Aart2.pdf> Acesso em: 28 abr. 2008.

prosseguia com a execução do que ficara decidido. Este era um dos principais argumentos dos que defendiam a ausência de autonomia da execução, além de a existência das antigas ações executivas também favorecer essa tese.

Em sentido contrário, firmava-se a corrente que defendia a autonomia da execução em face do processo de conhecimento, sobretudo, pela necessidade de nova citação para o processo de execução. Para essa vertente doutrinária, a tese da inexistência de autonomia da execução era desprovida de qualquer técnica jurídica.

O fim da controvérsia ocorreu com a vigência do Código de Processo Civil de 1973, que unificou as vias executivas, extinguindo as duas formas de execução (*parata executio* e ação executiva) que havia no direito brasileiro, herdadas do direito português[22], e considerou autônomo o processo de execução. A necessidade de citação do devedor originava uma relação jurídica autônoma que era o processo de execução. O ministro Alfredo Buzaid, autor do projeto que deu origem ao Código de Processo Civil de 1973, enfatizava que a "execução é nova ação", dessa forma, ela guardava natureza jurídica de novo processo.

Essa ideia ficou superada com as transformações impostas pela Lei n. 11.232/05, dentre elas, as que deram nova redação ao § 1º do art. 162, e ao *caput* dos artigos 267 e 269, todos do CPC, modificando profundamente o conceito de sentença e pondo fim ao processo de conhecimento puro, no qual só se declarava o direito, para implementarem, genericamente, um modelo de processo, que parte da doutrina tem chamado de "sincrético", destinado à tutela das obrigações pecuniárias, onde conhecimento e execução realizam-se a partir da mesma ação e do mesmo processo.

Debruçando-se sobre a questão, *Nery Junior e Andrade Nery*[23] explicam que:

(...) a execução não se processa *ex intervallo*, mas sim *sine intervallo*, depois do trânsito em julgado da ação de conhecimento, de modo que a citação realizada para a ação de conhecimento, formando a relação jurídica

---

(22) Na Exposição de Motivos do Código de Processo Civil de 1973, o ministro da Justiça, Alfredo Buzaid, assim se manifesta a respeito da unidade do processo de execução:
"O direito luso-brasileiro conhece dois meios de realizar a função executiva: a) pela *parata executio*; b) pela ação executiva. Esta se funda em título extrajudicial; aquela, em sentença condenatória.
Mas, como observa LIEBMAN, diferentes foram os resultados da evolução histórica nos países do continente europeu. O direito costumeiro francês reafirmou energicamente a equivalência das sentenças e dos instrumentos públicos (*lettres obligatoires faites par devant notaire ou passées sous Sell Royal*); e reconheceu a ambos a *exécution parée*. Este princípio foi acolhido pelas Ordenações reais e, depois, pelo Code de Procédure Civile napoleônico, de 1806, do qual passou para a maior parte das legislações modernas. Adotaram, nos nossos dias, o sistema unificado os Códigos de Processo Civil da Itália (art. 474), da Alemanha (§§ 704 e 794), de Portugal (art. 46) e a Lei de Execução da Áustria (§ 1º).
O projeto segue essa orientação porque, na verdade, a ação executiva nada mais é do que uma espécie de execução geral; e assim parece aconselhável reunir os títulos executivos judiciais e extrajudiciais. Sob o aspecto prático são evidentes as vantagens que resultam dessa unificação, pois o projeto suprime a ação executiva e o executivo fiscal como ações autônomas".
(23) *Código de Processo Civil comentado*, p. 640.

processual (processo), continue sendo válida e eficaz também para as ações subsequentes (liquidação de sentença e execução), bastando haver nelas a simples intimação da parte, na pessoa de seu advogado, para que se possa liquidar e executar a sentença, procedimento, aliás, que já era previsto pelo Código, por exemplo, para a ação e processo de reconvenção (CPC 316).

Como se vê, no atual sistema processual do CPC, não há mais instauração formal de nova relação jurídica, o processo de execução segue-se à sentença proferida na ação de conhecimento, e, com isso, perde a independência e a autonomia presentes no modelo revogado.

Na seara processual trabalhista, no entanto, a questão da natureza jurídica da execução trabalhista ainda não se encontra pacificada. Afirma-se, de um lado, que o processo de execução é autônomo, pois a citação do devedor prevista no art. 880 da CLT instaura relação jurídica autônoma, além do que, a presença de títulos executivos extrajudiciais ou mesmo executivos fiscais na competência da Justiça do Trabalho fortalece esta ideia; de outro lado, sustenta-se que a execução representa mera fase complementar do processo de cognição, concepção que se faz por ter sido a CLT promulgada durante a vigência do CPC de 1939, demais disso, a regra do art. 878, *caput,* da CLT, que concede ao juiz do trabalho o poder de dar início à execução também atua em prol dessa teoria.

Pedro Paulo Teixeira Manus[24], representante dessa última corrente doutrinária, assim se manifesta:

> (...) acreditamos que a execução no processo do trabalho guarda ainda a antiga noção do processo comum de uma segunda fase dentro do processo do trabalho, em que o conhecimento representa a primeira fase, não desfrutando de autonomia.

Enfatiza, ainda, que o fato de a redação do art. 876 da CLT, imposta pela Lei n. 9.958/2000, ter atribuído a qualidade de título executivo extrajudicial ao termo de ajuste de conduta firmado em inquérito civil público, perante o Ministério Público do Trabalho, e ao termo de conciliação celebrado no âmbito das Comissões de Conciliação Prévia, não quer dizer que "a execução trabalhista deverá mudar de status, passando a ser um processo autônomo"[25].

Adotando semelhante enfoque, *Jorge Luiz Souto Maior*[26], ao comentar as mudanças ocorridas no processo civil, observa que:

> A presente lei traz, ainda, no Capítulo X, a expressão, "Do Cumprimento da Sentença", talvez acreditando que estava mesmo criando uma grande novidade, a de que a execução é apenas uma fase do processo de conhecimento

---

(24) *Execução de sentença no processo do trabalho*, p. 16.
(25) *Op. cit.*, p. 18.
(26) Reflexos das alterações do Código de Processo Civil no processo do trabalho. *Revista LTr,* São Paulo, v. 70, n. 8, p. 920-930, ago. 2006.

(sentido que se extrai também pela alteração sofrida pelo art. 269, que não mais faz menção à "extinção do processo" quando o juiz acolhe o pedido do autor). O fato é que a CLT há muito tempo já tratava o cumprimento da sentença como mera fase do processo (...).

Manoel Antonio Teixeira Filho[27], anteriormente à edição da Lei n. 9.558/2000, que possibilitou a execução na Justiça do Trabalho de título executivo extrajudicial, sustentava que a execução era simples fase subsequente do processo de conhecimento, uma vez que até então eram considerados executivos apenas os títulos judiciais. Sua postura foi revista a partir da admissão da execução de títulos não originados em processo de conhecimento, porém mesmo assim ainda enxergava uma tênue alternativa de fundamentar a falta de autonomia na possibilidade da execução ser iniciada pelo próprio juiz, advertindo, contudo, que se a questão fosse examinada sob o enfoque teleológico concluiria que a execução trabalhista é autônoma.

Na atualidade, *Teixeira Filho*[28] externa o seguinte pensamento:

> A particularidade de, no processo do trabalho, a execução processar-se nos mesmos autos em que foi produzido o título executivo (sentença ou acórdão), tal como agora ocorre no processo civil, não configura o sincretismo realizado no plano deste processo pela Lei n. 11.232/2005, uma vez que, do ponto de vista estrutural, os processos de conhecimento e de execução, regulados pela CLT, seguem sendo autônomos, ou seja, não foram aglutinados pelo texto legal.

Acreditamos que não há autonomia da execução trabalhista; os procedimentos de conhecimento, de liquidação e de execução representam etapas de um único processo. O processo de execução trabalhista, passando pela liquidação de sentença, processa-se nos próprios autos do processo de conhecimento, além do que, o juiz do trabalho pode dar início à execução (art. 878 da CLT). Percebe-se, com isso, que o legislador celetista não desejou atribuir autonomia à execução trabalhista, o que acabou se transformando em particularidade do processo trabalhista.

Pela excepcionalidade com que se manifestam, as execuções calcadas em títulos executivos extrajudiciais não devem ser consideradas para a determinação da natureza jurídica da execução trabalhista. Por outro lado, é interessante observar que o argumento de que o processo do trabalho mantém mútua relação sistêmica com o processo civil, amplamente utilizado para defender a autonomia da execução trabalhista, antes das reformas implementadas no CPC de 1973, passou agora, com a edição da Lei n. 11.232/2005, a favorecer a tese da inexistência de um processo autônomo.

---

(27) *Execução no processo do trabalho*, p. 44-50.
(28) Processo do trabalho – Embargos à execução ou Impugnação à sentença? (a propósito do art. 475-j, do CPC). *Revista LTr*, São Paulo, v. 70, n. 10, p. 1179-1182, out. 2006.

De outro modo, há opiniões doutrinárias que não veem nenhuma utilidade nessa discussão, por entenderem que as dificuldades da execução estão muito longe de se concentrarem em sua definição como processo autônomo ou como mera fase do processo.

Assim não pensamos, pois entendemos que mesmo não representando o núcleo dos problemas que acometem o processo de execução trabalhista, o debate sobre sua natureza jurídica jamais se reduz ao aspecto meramente acadêmico, mas repercute significativamente na dinâmica processual.

2.5. Legislação aplicável

A execução das decisões trabalhistas está disciplinada na Consolidação das Leis do Trabalho nos arts. 876 a 892, e na legislação trabalhista externa ao diploma consolidado. Embora a CLT possua todo um capítulo (Capítulo V, do Título X) destinado à execução, apenas 20 artigos a disciplinam nos dias atuais, sendo que um deles (art. 887) foi tacitamente revogado. Originariamente eram 17 artigos. Conforme observa *Wagner D. Giglio*[29], mesmo a legislação extravagante possui poucas regras de procedimento, aplicáveis geralmente à área específica de atuação de cada norma. Para suprir essa regulamentação escassa, o legislador celetista determinou a aplicação subsidiária dos preceitos que regem o processo dos executivos fiscais, desde que compatíveis com as regras da execução no processo do trabalho, segundo os termos expressos do art. 889 da CLT, cuja redação original mantém-se até hoje.

À época do advento da CLT, o diploma legal dos executivos fiscais era o Decreto-lei n. 960, de 17 de dezembro de 1938. Explica *Luiz Carlos Amorim Robortella*[30] que a razão pela qual o legislador trabalhista optou pela disciplina do executivo fiscal tem raízes no Decreto n. 1.237/39, que organizou a Justiça do Trabalho. Nesse período, ainda não havia sido promulgado o Código de Processo Civil de natureza federal, e o processo de execução era regulado por códigos estaduais, de modo que a opção pelo Decreto-lei n. 960/38, por seu caráter federativo, se mostrava muito mais atraente. Quando a CLT foi elaborada, já vigia o Código de Processo Civil de 1939, todavia, o consolidador de 1943 "repetiu a norma do Decreto 1.237 porque o objetivo não era a criação de novas normas mas apenas consolidar as já existentes".

Em sentido semelhante, *Rodrigues Pinto*[31] argumenta que o Decreto-lei n. 960/38 trazia em seu bojo um texto bastante avançado em comparação aos códigos de processo estaduais e imprimia grande celeridade à execução, motivo pelo qual sobre ele recaiu a subsidiariedade primária e não ao processo comum, como determinado, de forma geral, pela CLT em seu art. 769.

---

(29) *Direito processual do trabalho*, p. 517-518.
(30) Processo de execução trabalhista no direito brasileiro. *Revista LTr*, São Paulo, v. 49, n. 7, p. 804, jul. 1985.
(31) *Op. cit.*, p. 43.

Giglio[32], por sua vez, enfatiza que o Decreto-lei n. 960/38 era obsoleto e possuía também muitas lacunas, forçando a adoção supletiva de regras contidas no Código de Processo Civil (art. 769 da CLT). Com isso, frustrava-se, na prática, o objetivo do legislador de conferir maior celeridade à execução trabalhista.

Dessa forma, a execução dos julgados trabalhistas devia obedecer, primeiramente, às normas contidas na CLT, em caso de omissão, devia valer-se do Decreto-lei n. 960/38, e finalmente, na hipótese deste diploma legal revelar-se igualmente omisso ou incompatível, socorrer-se-ia do Código de Processo Civil. Assinala *Rodrigues Pinto*[33] que, em decorrência do Decreto-lei n. 960/38 não regular "setores inteiros da execução", foi-se edificando a ideia de supletividade direta pelo CPC em flagrante prejuízo da boa técnica procedimental.

A Lei n. 5.584, de 26 de janeiro de 1970, que alterou substancialmente o processo do trabalho, também atingiu a parte executória, dispondo acerca da arrematação dos bens penhorados e da remissão. Com isso, a redação do art. 888 da CLT foi modificada.

O Código de Processo Civil de 1973, que entrou em vigor em 1974, ao eliminar o executivo fiscal como ação autônoma e unificar o processo de execução, revogou o Decreto-lei n. 960/38. Em consequência, o CPC de 1973 passou a ser o único estatuto legal subsidiário da execução trabalhista, perdendo sentido as remissões dos artigos 889 e 908 da CLT à lei dos executivos fiscais. Conforme notou *Wagner D. Giglio*, se é certo que o CPC de 1973 facilitou o problema das fontes subsidiárias, não é menos certo que criou novos embaraços "ao introduzir regras que até hoje não foram totalmente absorvidas pelo processo do trabalho".

Com o aparecimento da Lei n. 6.830, de 22 de setembro de 1980, dispondo sobre a cobrança judicial da Dívida Ativa da Fazenda Pública, criou-se nova discussão doutrinária para identificar sobre qual estatuto legal recairia a subsidiariedade. Para alguns, o artigo 889 da CLT havia sido revogado pelo CPC de 1973; para outros, esse artigo permanecia em plena vigência, pois não se referia expressamente ao Decreto-lei n. 960/38, mas apenas aos "preceitos que regem os executivos fiscais" sem especializar o diploma legal, por essa razão, a Lei n. 6.830/80 passava a ser o texto legal subsidiário. Certamente a razão estava com essa última corrente doutrinária, motivo pelo qual foi acolhida majoritariamente e o artigo 889 da CLT recuperou seu objeto.

Robortella, embora reconhecendo a subsidiariedade da Lei n. 6.830/80, opina, *de lege ferenda*, pela sua não aplicação, com apoio nas ideias desenvolvidas por *Arion Sayão Romita*, que assim se manifesta[34]:

---
(32) *Op. cit.*, p. 518.
(33) *Execução trabalhista*, p. 44.
(34) ROMITA, Arion Sayão. Aspectos do processo de execução trabalhista à luz da Lei n. 6.830. *Revista LTr*, São Paulo, v. 45, n. 9, p. 1.034, *apud* ROBORTELLA, Luiz Carlos Amorim. Processo de execução trabalhista no direito brasileiro. *Revista LTr*, São Paulo, v. 49, n. 7, p. 804, jul. 1985.

Duas são as principais razões que amparam a inconveniência de invocação da Lei n. 6.830 em tema do processo do trabalho: seu texto foi elaborado por quem sequer imaginou pudesse ela ser chamada a reger "trâmites e incidentes" da execução trabalhista, daí a impropriedade de alguns preceitos, em certos casos; por outro lado – e esta será, talvez, a mais forte razão – não subsiste hoje em dia, o motivo que levou o legislador trabalhista a impor a aplicação subsidiária da lei de executivos fiscais ao processo do trabalho (artigo citado. LTr 45/9-1.034).

Ainda que fortemente contestada, a incidência da Lei n. 6.830/80 na execução laboral também foi considerada medida salutar para o seu bom desenvolvimento, pois se ajustava ao princípio da celeridade processual e à filosofia que orienta a Justiça do Trabalho.

Não fosse pouca a confusão de diplomas legais aplicáveis à execução obreira, a Lei n. 8.432, de 11 de junho de 1992, incrementou essa desordem ao alterar a redação do artigo 882 consolidado para dispor que a indicação de bens à penhora pelo executado deve observar a ordem preferencial do art. 655 do CPC, ou seja, neste caso, o direito processual civil passa a ser fonte subsidiária primária, traduzindo exceção à regra do art. 889 da CLT.

Pedro Paulo Teixeira Manus[35], comentando esse desacerto do legislador, observa que esse procedimento seria correto se houvesse omissão na lei dos executivos fiscais, uma vez que esse diploma legal é a fonte subsidiária primeira na execução laboral, mas não é essa a hipótese. Para ele, o equívoco do legislador assenta-se em duas premissas: primeiro, o CPC de 1973 regulou a cobrança da Dívida Ativa da Fazenda Pública até o ano de 1980, durante, portanto, um período relativamente extenso, quando, então, surgiu a Lei n. 6.830/80, que passou a dispor sobre a matéria; segundo, essa lei foi entendida pela comunidade jurídica como excessivamente rigorosa. Dessa forma, deixou-se de reconhecer "a devida importância" da Lei n. 6.830/80, inclusive, surpreendentemente, pelo legislador.

A Lei n. 8.432/92, dentre as várias modificações que acarretou na execução trabalhista, também acrescentou o § 2º ao art. 879 da CLT, que permite ao juiz conceder prazo para manifestação sobre os cálculos de liquidação, causando enorme espanto, pois, como acentua *Teixeira Filho*[36], essa interveniência do legislador constituiu um "rude golpe num sistema que, até então, vinha funcionando com eficiência". Esse diploma legal alterou, ainda, a redação do § 1º do art. 897 da CLT, impedindo a impugnação genérica no caso de agravo de petição e permitindo a execução da parte incontroversa da impugnação.

A Lei n. 9.958, de 12 de janeiro de 2000, deu nova redação ao art. 876 da CLT, permitindo a execução, no processo do trabalho, dos termos de ajuste de

---

(35) *Execução de sentença no processo do trabalho*, p. 65-66.
(36) *Op. cit.*, p. 363.

conduta firmados perante o Ministério Público do Trabalho em sede de inquérito civil e dos termos de conciliação firmados perante as Comissões de Conciliação Prévia (art. 625-A da CLT), ou seja, possibilitou-se a execução de dois títulos executivos extrajudiciais.

A Lei n. 10.035, de 25 de outubro de 2000, impôs algumas alterações na execução trabalhista em decorrência da Emenda Constitucional n. 20, de 15 de dezembro de 1998, que adicionou à competência da Justiça Laboral a execução *ex officio* das contribuições sociais decorrentes das sentenças ou dos acordos celebrados em seu âmbito.

A execução *ex officio* prevista nesse texto legal foi acolhida pela doutrina com severas críticas. Conforme preconiza *Wagner Giglio*[37], muitos são os inconvenientes trazidos por essa lei, a começar pela mácula às garantias constitucionais, seguindo-se do desvio de função da Justiça do Trabalho, que se transformou em órgão auxiliar da arrecadação do Instituto da Previdência, culminando com os embaraços que criou ao desenvolvimento da execução ao "tornar discutível e recorrível o teor dos acordos, ao introduzir novo litigante (INSS), ao abrir outra possibilidade de impugnação à liquidação, ao ensejar recurso do Instituto etc".

Por fim, a Lei n. 11.457, de 16 de março de 2007, igualmente, alcançou o processo de execução laboral ao modificar os artigos 876, 879, 880 e 889-A da CLT. O objetivo dessa lei foi intensificar a cobrança de contribuições sociais e multas administrativas resultantes de penalidades aplicadas pelos Auditores-fiscais do Trabalho; para tanto, criou-se na Consolidação das Leis do Trabalho dispositivos que dão apoio à execução de tais contribuições e penalidades. Como se vê, o espírito dessa lei ajusta-se ao que inspirou a Lei n. 10.035/00.

Em linha de arremate, a execução trabalhista encontra-se, hodiernamente, regulada por quatro normas legais, na seguinte ordem de preferência: CLT; Lei n. 5.584/70; Lei n. 6.830/80; e CPC de 1973.

José Augusto Rodrigues Pinto[38], discorrendo sobre a submissão da atividade executória a três sistemas diferentes e sucessivos de regras procedimentais (trabalhista, fiscal e de processo comum), explica que tal se deve ao fato de o legislador ter dispensado muito maior atenção ao processo de conhecimento, voltando-se, primordialmente, para a positivação do direito material, negligenciando, em consequência, a instrumentação da atividade executória. Com isso, desprezou-se a noção elementar de que a Jurisdição, como função estatal una e indivisível, só se realiza quando declara e impõe o direito na solução dos conflitos concretos.

Sob a equivocada ideia de que a pacificação concreta do conflito se contentava com fortalecimento do conjunto de regras de direito material e da estrutura

---
(37) *Direito processual do trabalho*, p. 547.
(38) Execução trabalhista: aspectos críticos. *Revista LTr*, São Paulo, v. 63, p. 21-22, 1º jan. 1999.

dos meios para decidi-lo, o empenho do legislador voltou-se para a satisfação da tutela jurídica perquirida no processo de cognição.

Essa exarcebação do processo de conhecimento tem sido chamada por *Luciano Athayde Chaves*[39] de "mito da cognição", no qual reverencia-se a sentença de conhecimento, sem distinguir as verdadeiras possibilidades "de realização da justiça em face da efetividade da tutela que acabara de ser prestada". Para ele, o real desafio da jurisdição tem início com a publicação da sentença de conhecimento, quando, então, será entregue a prestação reconhecida no processo de cognição.

Nas lições de *Rodrigues Pinto*[40], a lei processual deve formar um sistema. No caso das execuções trabalhista, fiscal e civil a correspondência de finalidades é apenas de feição substancial, que se exaure na vontade comum de forçar o cumprimento da obrigação. A índole sistêmica, todavia, se revela no aspecto formal. Nesse ponto, as três execuções possuem características completamente diferentes, a começar pela técnica procedimental, que na execução laboral e fiscal é inquisitória, e na execução civil é dispositiva. Conclui-se, assim, que a execução trabalhista padece não só de omissões, mas também da falta de um sistema.

Para o expressivo jurista, o uso sucessivo de diferentes sistemas propicia ao intérprete e ao aplicador da lei embaraços sem precedentes, que se desvelam na prática forense, com interpretações desencontradas ou regras mal-aplicadas, gerando, a partir daí, uma infinidade de discussões incidentais sobre matéria essencialmente processual, com multiplicidade de recursos que nada favorece o cumprimento ágil do título, levando-o a concluir que[41]:

> A execução da sentença trabalhista passa a palmilhar em terreno movediço, extremamente cansativo pelo maior esforço que exige para os movimentos. E o alvo final da execução, que é concretizar pela entrega uma prestação apenas reconhecida pela tutela se transforma num irritante jogo de espelhos que a faz parecer sempre próxima, porém estar (sic) sempre distante.

2.6. Formas de execução

São pressupostos fundamentais da pretensão de executar: o inadimplemento do devedor e a existência de título executivo. Considera-se inadimplente o devedor que não satisfaz espontaneamente a obrigação ou o direito reconhecido em

---

(39) O processo de execução trabalhista e o desafio da efetividade processual: a experiência da Secretaria de Execução Integrada de Natal/RN e outras reflexões. *Revista LTr*, São Paulo, v. 65, n. 12, p. 1451-1452, dez. 2001.
(40) Para o prof. Rodrigues Pinto: "qualquer lei processual deve criar um sistema, no preciso sentido de disposição das partes ou dos elementos de um todo, reciprocamente organizados de modo a atingirem o fim para que foram criados". *Op. cit.*, p. 21-22.
(41) PINTO, José Augusto Rodrigues. Execução trabalhista: aspectos críticos. *Revista LTr*, São Paulo, v. 63, n. 1, p. 22, jan. 1999.

sentença. O título executivo dá a certeza da existência da obrigação, sem ele não há como executá-la. Para que uma execução seja viável, admite-se também como requisito a existência patrimonial, pois se o devedor não possuir bens penhoráveis não há como tornar a execução factível.

Quanto às formas de execução, seguindo o estudo de *Rodrigues Pinto*, é possível classificá-las em relação à modalidade da obrigação, ao conteúdo do título, à natureza da prestação e à extensão de seus efeitos.

No que se refere à modalidade da obrigação, importam-nos as sentenças condenatórias, sejam em obrigações de dar, fazer ou não fazer, pois são elas que comportam execução. Tradicionalmente, as sentenças seguem a classificação trinária chiovendiana, sendo identificadas como declaratórias, constitutivas e condenatórias. A classificação quinária, de reconhecimento discutível, inclui as sentenças mandamentais e as executivas, as quais são consideradas, pelos estudiosos que defendem a classificação trinária, nada mais do que subespécies das sentenças condenatórias. Como bem observa *Teixeira Manus*[42], o pedido inicial é que determinará a natureza da sentença.

Nas sentenças declaratórias, declara-se a existência ou inexistência de uma relação jurídica, tendo valor como preceito, independentemente de execução. Na hipótese do autor pretender concretizar o direito declarado nessa categoria de sentença, terá que buscar novamente a tutela jurisdicional do Estado. As sentenças constitutivas objetivam criar, modificar ou extinguir uma relação jurídica, restringindo-se ao reconhecimento do direito preexistente ao provimento constitutivo, não dependendo igualmente de execução propriamente dita. Dessa forma, a sentença condenatória, no dizer de *Manoel Antonio Teixeira Filho*[43], "é a única que outorga ao autor um novo direito de ação, que o permitirá deduzir, agora, uma pretensão de índole executiva".

No que diz respeito ao conteúdo, para que um título se torne executivo é necessário que a obrigação seja certa, líquida e exigível (art. 586 CPC). Toda decisão de cunho condenatório contém os requisitos da certeza e da exigibilidade, mas poderá lhe faltar o da liquidez. Assim, a sentença que reconhece o *an debeatur* pode gerar um título executivo judicial líquido ou ilíquido; se for líquido, a execução tem início diretamente pelos atos de constrição; se ilíquido, deve ser completado com o *quantum debeatur*, que se realiza com a liquidação de sentença.

Nelson Nery Junior e *Rosa Maria de Andrade Nery*[44] explicam que mesmo o título executivo extrajudicial pode comportar liquidação para apurar-se o *quantum debeatur*. Nesse caso, são admissíveis apenas as formas de liquidação por arbitramento e por artigos, uma vez que, na hipótese em que o *quantum* é alcançado por simples cálculo aritmético, basta o credor instruir a petição inicial da ação de execução com a memória do cálculo, que justifica o valor dado ao título.

---
(42) *Execução de sentença no processo do trabalho*, p. 55.
(43) *Execução no processo do trabalho*, p. 189.
(44) *Código de Processo Civil comentado*, p. 630.

Em relação à natureza da prestação, comumente, a obrigação é cumprida mediante uma única prestação, situação ocorrida na maior parte dos dissídios individuais do trabalho, nas modalidades de dar e fazer, que se submetem às normas legais que regulam a execução trabalhista, observada a ordem preferencial.

Em alguns casos, a obrigação caracteriza-se pela diversidade de prestações, denominando-se obrigação alternativa, na qual o devedor pode cumpri-la de mais de um modo. Nada obstante se configure uma multiplicidade de prestações, basta o cumprimento de uma delas para que o devedor se desonere das demais. A execução das obrigações alternativas tem rara ocorrência no processo do trabalho, a CLT nada dispõe acerca desse assunto, razão pela qual impõe-se a supletividade do CPC, que disciplina a matéria no art. 571.

A exigibilidade da obrigação pode ainda sujeitar-se a termo ou condição. Embora o sistema processual brasileiro impeça, regra geral, o juiz de proferir sentença genérica, devendo, portanto, ser certa, nada obsta que decida relação jurídica condicional, consoante a regra estampada no parágrafo único do art. 460 do CPC. Nesse caso, a sentença condenatória só estará apta a aparelhar a execução depois de realizada a condição ou ocorrido o termo, tratando-se de execução diferida. A CLT é omissa quanto ao tema, aplicando-se a disposição subsidiária do processo comum (art. 572 do CPC).

Teixeira Filho[45] ressalta que, no processo do trabalho, a *condição* de que trata o art. 572 do CPC pode estar contida tanto na sentença como no acordo realizado em juízo. Considerando que seu pensamento foi externado anteriormente à admissão de títulos executivos extrajudiciais no âmbito trabalhista, acreditamos que a transação a que se refere não mais se circunscreve apenas àquelas realizadas em juízo, mas também alcança as demais hipóteses previstas no art. 876 da CLT.

A obrigação pode ainda fracionar-se em prestações sucessivas. Consoante assevera *José Augusto Rodrigues Pinto*[46], a execução por prestações sucessivas é muito frequente no processo do trabalho, em razão da particularidade da relação de emprego identificada na sucessividade do trato, equiparando-se, no que diz respeito à assiduidade de ocorrência, à execução por prestação única. A CLT possui normas específicas sobre a matéria (arts. 890 a 892), de forma que a supletividade de outras normas deve ocorrer apenas num plano secundário.

O art. 891 consolidado dispõe sobre a prestação sucessiva por tempo determinado, prevendo que a execução pelo não pagamento de uma prestação compreenderá as que lhe sucederem, ou seja, o inadimplemento de uma prestação acarreta o vencimento antecipado das subsequentes. É o caso dos acordos não cumpridos.

Já o art. 892 da Consolidação, que trata das prestações sucessivas por tempo indeterminado, prevê que a execução compreenderá, a princípio, as prestações

---
(45) *Execução no processo do trabalho*, p. 238.
(46) *Execução trabalhista*, p. 52.

devidas até a data do ingresso na execução, sendo a hipótese, por exemplo, da condenação ao pagamento de diferenças salariais. Nesse ponto, o entendimento esposado por *Mozart Victor Russomano*[47], no sentido de que se as prestações forem por tempo indeterminado haverá necessidade de nova execução para cobrança das prestações que "se venham a vencer", tem sido combatido por autores do quilate de *Campos Batalha*[48], *José Augusto Rodrigues Pinto*[49] e *Manoel Antonio Teixeira Filho*[50], que defendem a ideia, à qual nos filiamos, de que estão compreendidas igualmente na execução as parcelas que se vencerem no decorrer dela.

No que concerne à extensão dos efeitos, as execuções são classificadas em definitivas e provisórias. Nas lições de *Pedro Paulo Teixeira Manus*[51], a questão envolve a definitividade ou não da sentença exequenda, ressaltando que uma sentença só pode ser executada definitivamente quando dotada do atributo da coisa julgada material e formal, ou seja, irrecorrível e imutável. Se em relação a uma sentença pende recurso que poderá modificá-la, a execução será provisória.

Como assinalam *Nelson Nery Junior e Rosa Maria Andrade Nery*[52], apesar dos efeitos dos recursos desdobrarem-se em várias espécies (efeito expansivo, translativo etc), a doutrina clássica, considerando tão somente a interposição do recurso e seus reflexos em relação à decisão recorrida, identifica dois efeitos: o efeito devolutivo e o efeito suspensivo; este compreende, além da possibilidade de reexame da causa e apreciação da decisão anterior, a não executoriedade da decisão impugnada; aquele consiste igualmente na possibilidade de novo exame da matéria impugnada, sem, contudo, impedir a eficácia da decisão impugnada. No silêncio da lei, confere-se ao recurso efeito suspensivo. No processo do trabalho, os recursos, regra geral, têm apenas o efeito devolutivo, conforme dispõe o art. 899, *caput*, da CLT.

As execuções provisórias têm como fundamento a sentença ou o acórdão não transitado em julgado e resultam da regra da devolutibilidade que incide na maior parte dos recursos disciplinados pelo art. 899, *caput*, da CLT. Dessa forma, nada impede que na pendência de um recurso dê-se início à execução. Apesar de o art. 899 consolidado referir-se à execução provisória, a CLT não possui outras regras dispostas a disciplina-la. A doutrina justifica esse fato em razão da CLT ter sido aprovada durante a vigência do CPC de 1939, que pouca atenção dispensava à execução provisória. Observe-se, ainda, que por mais singular que possa parecer, a execução provisória no processo do trabalho é mencionada justamente no âmbito da normatização dos recursos.

A norma consolidada estabelece que a execução provisória se retém na penhora, envolvendo, portanto, os atos de acertamento e constrição. Nesse ponto,

---
(47) *Comentários à CLT*, p. 970.
(48) *Tratado de direito judiciário do trabalho*, p. 734.
(49) *Execução trabalhista*, p. 53.
(50) *Execução no processo do trabalho*, p. 241.
(51) *Execução de sentença no processo do trabalho*, p. 57-59.
(52) *Op. cit.*, p. 707.

reina uma certa discordância doutrinária no sentido de identificar qual o derradeiro ato a ser praticado na execução provisória. Para os doutrinadores que se atêm à literalidade do texto consolidado, o ato de apreensão judicial de bens é o último a ser praticado na execução provisória, não admitindo sequer a intimação do devedor para o oferecimento dos embargos. Para outros, a execução provisória prossegue até o julgamento dos embargos. No dizer de *Wagner Giglio*[53], por "penhora deve ser entendido o ato judicial escoimado de dúvidas ou vícios, isto é, penhora aperfeiçoada pelo julgamento dos embargos que visem a declaração de sua insubsistência". Essa corrente de pensamento, com base no art. 588, II, do CPC, atualmente revogado pela Lei n. 11.232/05, só não admite a prática de atos de alienação.

Estamos com a corrente doutrinária que, de forma intermediária, sustenta que o último ato processual a ser praticado na execução provisória é o que se refere à impugnação dos embargos. Com isso, desprende-se dos limites impostos pela primeira corrente, que só prejudicam a celeridade processual, sem, contudo, aderir à amplitude defendida pela segunda corrente, que poderia tornar inútil a atividade jurisdicional no caso de modificação do julgado no processo de conhecimento. *Teixeira Manus*[54], em lição cristalina, explica que:

> Assim, a despeito de estarmos em uma execução provisória, os embargos (de que trataremos detidamente) devem ser interpostos no prazo de cinco dias a contar da garantia do juízo, sob pena de preclusão.
>
> Interpostos os embargos, o juízo deverá notificar a parte contrária para a resposta e, a nosso ver, nesse momento deverá ser estancada a execução provisória.
>
> Deve-se aguardar o trânsito em julgado da decisão exequenda e o retorno dos autos principais ao juízo da execução, que é o juízo de origem. Aí, mantida a sentença exequenda, deverá o juízo processar os embargos, julgando-os.

Por outro lado, tendo em vista que a CLT apresenta flagrantes lacunas no que diz respeito à disciplina da execução provisória, surge a necessidade de adoção supletiva de outras normas, sendo o caso de aplicação do processo comum e não da lei dos executivos fiscais preconizada pelo art. 889 da CLT, uma vez que a execução fiscal fundamenta-se em título extrajudicial e essa espécie de título não se coaduna com o instituto da execução provisória.

Questão polêmica que deflui da execução provisória envolve as sentenças condenatórias que contemplam obrigações de fazer e não fazer. A doutrina não está pacificada quanto à possibilidade de execução provisória dessas obrigações. Tendo em vista o caráter irreversível dessas modalidades de obrigações, tradicionalmente, sustentou-se que as obrigações de fazer e não fazer eram incompatíveis com a execução provisória.

---

(53) *Direito processual do trabalho*, p. 533.
(54) *Execução de sentença no processo do trabalho*, p. 60.

Como bem acentua *Manoel Antonio Teixeira Filho*⁽⁵⁵⁾, apoiado na parte final da redação do art. 587 do CPC, anterior à reforma imposta pela Lei n. 11.382/06, a sensação que se tem é de que a lei não impede, antes autoriza, a execução provisória das obrigações de fazer, na medida em que não faz distinção entre as diferentes espécies de obrigações exequíveis (entregar, fazer e não fazer). Contudo, desaconselha sua prática, citando o corriqueiro exemplo de obrigação de fazer na seara processual trabalhista consubstanciada na reintegração do empregado estável. O fato de o empregado fazer jus ao salário e demais vantagens relativos ao período de afastamento, no caso de provimento do recurso, é razão suficiente para o autor não ver utilidade na execução provisória da obrigação de reintegrar empregado estável.

De outro modo, acreditamos também que caso o tribunal não acolha o recurso é incabível o pagamento de indenização ao empregador, pois a prestação dos serviços pelo empregado reintegrado, dado o caráter sinalagmático, e o pagamento de salários encontram-se mutuamente quitados. O restabelecimento do *status quo ante* se opera com a simples paralisação do trabalho e do correspondente pagamento de salário.

Por fim, é importante destacar que a execução provisória de obrigação de fazer e não fazer não pode ser confundida com a efetivação das decisões antecipatórias relativas a obrigações análogas. O cumprimento da decisão que antecipa os efeitos da tutela (art. 273, do CPC; art. 659, IX e X, da CLT) consiste num procedimento executivo próprio e autônomo e não em uma execução provisória. Portanto, nessa hipótese, a tutela executiva não é provisória, mas sim fundamentada em título precário.

2.7. Desenvolvimento da execução trabalhista

O art. 878 da CLT permite a qualquer interessado, ao juiz competente e à Procuradoria do Trabalho promover a execução forçada. A expressão "qualquer interessado", contida no texto legal, tem sentido amplo, atraindo, inclusive, a aplicação de normas do processo civil referentes a legitimidade para dar início à execução. Dessa forma, além do credor, do devedor (que quer livrar-se de maiores ônus), do juiz e do Ministério Público, também possuem legitimidade ativa para a execução: o espólio, o cessionário e o sub-rogado, nas situações específicas arroladas nos incisos I, II e II do art. 567 do CPC.

A legitimidade atribuída ao juiz para o impulso inicial da execução, consoante observa *Valentin Carrion*⁽⁵⁶⁾, está subordinada ao poder dispositivo do autor, que poderá requerer a suspensão ou a extinção da execução, e, com isso, impedir a iniciativa do juiz. A execução de sentença *ex officio*, doutrinariamente,

---

(55) *Execução no processo do trabalho*, p. 217-218.
(56) *Comentários à Consolidação do Trabalho*, p. 715.

é considerada corolário dos princípios do *jus postulandi* conferido às partes na Justiça do Trabalho e da celeridade processual, constituindo um traço distintivo da execução trabalhista, uma vez que na execução civil não há disposição semelhante. *José Augusto Rodrigues Pinto*[57] faz reparo a essa ideia, observando que o Código de Processo Penal, no que se refere ao processo sumário contravencional (art. 531), já consagrava a iniciativa, de ofício, do juiz, antes da Consolidação fazê-lo.

No que diz respeito à natureza dessa legitimação, ainda nas lições de *Rodrigues Pinto*, trata-se de uma faculdade que se abre ao juiz e não um dever, já que a regra estampada no art. 878 da CLT, ao conter a expressão "poderá", despe-se de qualquer imperatividade.

De outra parte, a despeito dessa regra estar em plena consonância com os mais importantes princípios do processo do trabalho, sua incidência encontra limites, a começar pela mais simples hipótese de o exequente estar representado nos autos por advogado legalmente constituído. A prática forense, contudo, tem revelado que essa norma é muito pouco utilizada.

A legitimação conferida ao Ministério Público vincula-se às hipóteses de execuções de decisões prolatadas originariamente pelos Tribunais Regionais. Após analisar as várias situações que atrairiam a aplicabilidade dessa regra, *Valentin Carrion*[58] conclui que o objetivo maior do legislador, nesse caso, parece ter se concentrado na possibilidade de "execução de eventuais determinações judiciárias, quanto ao comportamento das partes em dissídios coletivos, especialmente na paralisação do trabalho, e quem seriam as destinatárias do texto legislativo", o que para ele, em princípio, é incompatível com o preceito democrático que deve orientar as negociações, à exceção das situações "de grande comoção social".

Para dar início à execução trabalhista, consoante a regra do art. 880, *caput*, da CLT, faz-se necessária a citação do devedor, que, em regra, é pessoal e realizada por oficial de justiça, representando, como observa *Rodrigues Pinto*[59], o primeiro ato de constrição ao devedor, já que a ela se junta a apreensão dos bens. A partir daí, abrem-se ao devedor três alternativas, quais sejam: o pagamento da obrigação, a garantia da execução por iniciativa do devedor ou a nomeação de bens à penhora.

O sistema executório trabalhista está centrado no método da constrição patrimonial, que é a forma pela qual se busca alcançar a meta final da execução. Os atos de acertamento e de alienação têm função auxiliar e se efetivam na execução apenas nas hipóteses de tornar-se necessário atingir o valor do título ou para a expropriação e alienação de bens do devedor. Assim, a estrutura da execução trabalhista crava-se em três módulos (acertamento, constrição e alienação) independentes, mas articuláveis.

---

(57) *Execução trabalhista*, p. 72.
(58) *Comentários à Consolidação do Trabalho*, p. 716.
(59) *Execução de sentença no processo do trabalho*, p. 150.

Na Justiça do Trabalho, os atos de acertamento ganham relevo, na medida em que a maior parte das sentenças condenatórias, em dissídios individuais, são ilíquidas e encerram prestações "de dar", atraindo a aplicação do módulo de acertamento.

No magistério de *Rodrigues Pinto*[60], o art. 884 e seus parágrafos, da CLT[61], representam o núcleo da estrutura legal da execução trabalhista, uma vez que neles se contêm "o único ponto de concepção de uma filosofia própria para a execução trabalhista", porém a busca pela concretização dessa filosofia esgota-se nos princípios da celeridade e da concentração dos atos processuais, tendo em vista a escassez de outras normas consolidadas que serviriam a sua completude.

Destaca-se, na doutrina, que por força dos §§ 3º e 4º do art. 884 da CLT, ocorre uma interpenetração dos atos de acertamento com os de constrição, de forma que a liquidação de sentença só se consumará com o julgamento da penhora. A concentração dos atos processuais tem o intuito de assegurar a maior celeridade e economia processuais possíveis, tanto é que o legislador do processo comum aproveitou-a na Lei n. 8.898/94.

Com idêntico espírito de agilização do procedimento trabalhista, a Lei n. 8.432, de 11 de junho de 1992, introduziu o § 2º ao art. 879 da CLT, criando uma forma alternativa de procedimento, no qual os atos de acertamento e os de constrição situam-se em módulos diversos. Esse procedimento em muito se assemelhava ao do processo comum, anterior às alterações introduzidas pela Lei. n. 11.232/05.

Dessa forma, a liquidação de sentença trabalhista passou a conviver com dois sistemas, competindo somente ao juiz a escolha de um deles. Tal dualidade causou perplexidade na comunidade jurídica, que a considerou de todo inconveniente, especialmente pela desigualdade de tratamento e por constituir fator de insegurança.

Ao disciplinar os atos de acertamento, a CLT trata dos métodos (cálculo, arbitramento ou artigos), mas nada dispõe sobre o procedimento, impondo a necessidade de recorrer ao CPC, não sendo o caso de aplicação da Lei n. 6.830/80, que nada prevê acerca desses atos. Os atos de constrição disciplinam-se pelas

---

(60) *Execução trabalhista*, p. 43.
(61) "Art. 884. Garantida a execução ou penhorados os bens, terá o executado cinco dias para apresentar embargos, cabendo igual prazo ao exequente para impugnação.
§ 1º A matéria de defesa será restrita às alegações de cumprimento da decisão ou do acordo, quitação ou prescrição da dívida.
§ 2º Se na defesa tiverem sido arroladas testemunhas, poderá o Juiz ou o Presidente do Tribunal, caso julgue necessários seus depoimentos, marcar audiência para a produção das provas, a qual deverá realizar-se dentro de cinco dias.
§ 3º Somente nos embargos à penhora poderá o executado impugnar a sentença de liquidação, cabendo ao exequente igual direito e no mesmo prazo.
§ 4º Julgar-se-ão na mesma sentença os embargos e as impugnações à liquidação apresentadas pelos credores trabalhista e previdenciário.
§ 5º Considera-se inexigível o título judicial fundado em lei ou ato normativo declarados inconstitucionais pelo Supremo Tribunal Federal ou em aplicação ou interpretação tidas por incompatíveis com a Constituição Federal".

disposições consolidadas, podendo ser complementadas por legislação externa, sobretudo, pela Lei n. 6.830/80 e em menor intensidade pelo CPC. Os atos de alienação, em sua maioria, são regrados pela Lei n. 5.554/70, cujo art. 12 encontra-se integrado à Consolidação, reformulando a redação original do art. 888.

Discorrendo sobre as lacunas dos três módulos de atos do processo de execução trabalhista, *Rodrigues Pinto* assevera que, à exceção do módulo de constrição, no qual as omissões, por serem em menor número, pouco interferem no andamento normal da execução, os demais módulos apresentam grandes dificuldades em razão de uma normatização deficiente, o que obriga, em seu dizer, "a um trabalho de verdadeira garimpagem de normas supletivas, entre a Lei n 6.830/90[62] e o CPC". Essa situação desencadeia um foco de interpretações divergentes, complicando mais ainda o intricado processo de execução de sentença trabalhista, e com isso postergando o cumprimento efetivo da sentença condenatória.

O devedor poderá opor-se à execução por meio dos embargos, que constituem instrumento específico de defesa na execução, consoante a regra prevista no *caput* do art. 884 da CLT. Mesmo que a finalidade do processo de execução esteja centrada na realização de atos coercitivos determinados a conduzir o devedor a satisfazer o direito reconhecido na sentença condenatória, nem por isso deixa de existir o contraditório, ainda que desenvolvido de modo particular.

Conforme explica o jurista português *Miguel Teixeira de Souza*[63], o executado é citado para pagar ou nomear bens à penhora ou para entregar a coisa, o que evidencia que sua posição não integra a tramitação normal do processo. Portanto, no processo de execução, o contraditório é considerado pela lei como meramente eventual, o que se justifica pela finalidade específica deste processo, que é a satisfação efetiva de uma prestação que se encontra documentada num título.

Por outro lado, a melhor doutrina ao longo do tempo foi superando a ideia de que o contraditório na execução deveria ser postergado para a fase dos embargos, entendendo-se perfeitamente viável a sua ocorrência independentemente da ação de embargos. Nesse contexto, passou-se a admitir também na execução trabalhista a utilização do instituto da exceção de pré-executividade, embora a aplicação de tal figura encontre resistência em parte da jurisprudência.

Manoel Antonio Teixeira Filho[64] enfatiza que, embora jamais negue a necessidade de se garantir o juízo para a viabilização dos embargos, não se pode ignorar que, igualmente, no processo do trabalho podem ocorrer situações especiais, nas quais a obrigação de garantir o juízo se transformaria em causa de "gritante injustiça".

---

(62) Lei n. 6.830/90: "sic" ; deve ser Lei n. 6.830/80.
(63) *Ação executiva singular*, p. 24/26.
(64) *Execução no processo do trabalho*, p. 629.

Embora controvertida a natureza jurídica dos embargos à execução no processo do trabalho, acreditamos não se tratar de ação, mas simples meio de defesa, única ideia capaz de harmonizar-se com a concepção de que a execução representa mera fase do processo. Dessa forma, os embargos poderão ser opostos por petição nos próprios autos da execução, prática largamente adotada pelos juízes trabalhistas, e que é veemente combatida por *Teixeira Filho*[65], que opina pela necessidade de autuação em apenso aos autos principais, já que para ele os embargos constituem "ação de natureza constitutiva".

A exemplo de outros institutos, também os embargos à execução no processo do trabalho têm disciplina escassa, impondo-se a necessidade de auxílio a regras da Lei n. 6.830/80 e do CPC. No que se refere aos efeitos gerados pela interposição dos embargos, a CLT nada dispõe a respeito, daí a necessidade de recorrer-se ao CPC, podendo os embargos do devedor não terem efeito suspensivo, diante da regra insculpida no art. 739-A do CPC, incluído pela Lei n. 11.382/06. A questão, no entanto, não é pacífica, e será discutida mais adiante, quando analisarmos a aplicabilidade no processo do trabalho das inovações ocorridas no processo civil.

2.8. Recurso na execução trabalhista

Em consonância com o princípio da simplicidade de procedimento, que se intensifica no processo do trabalho, a CLT instituiu o agravo de petição, previsto no art. 897, *a*, consolidado, como instrumento próprio para impugnar as decisões prolatadas na execução. Embora a Consolidação tenha instituído esse recurso como instrumento único para impugnar decisões proferidas no processo de execução, hodiernamente, como observa *Rodrigues Pinto*[66], coexiste com outros recursos, tais como o de revista e o de embargos de declaração.

A redação do art. 897, *a*, consolidado, menciona que:

Art. 897. Cabe agravo, no prazo de oito (8) dias:

de petição, das decisões do Juiz ou Presidente, nas execuções;

(...)

Discute-se muito, na doutrina, acerca da especificação do tipo de "decisão" a que se refere o legislador. Para alguns, a expressão "decisões" envolve as terminativas ou definitivas e as interlocutórias; estas últimas, para outros, são irrecorríveis diante do comando da regra estampada no art. 893, § 1º, da CLT. A falta de técnica jurídica do texto consolidado abriu as portas para utilização do recurso de agravo de petição ao sabor da conveniência de quem o manejava.

---
(65) *Op. cit.*, p. 617.
(66) *Execução trabalhista*, p. 349.

Conforme observa *Teixeira Manus*[67], o agravo de petição, quando examinado como correspondente do recurso ordinário na seara processual trabalhista, foi utilizado por muito tempo como mais um artifício legal, pois para que o agravo de petição fosse admitido era suficiente o executado demonstrar "que a decisão agravada tinha-lhe sido desfavorável". Com o objetivo de tentar pôr fim a essa situação, a Lei n. 8.432, de 11 de junho de 1992, deu nova redação ao parágrafo 1º do art. 897 da CLT, vedando a impugnação genérica e permitindo a execução da parte incontroversa da impugnação.

No magistério de *Rodrigues Pinto*[68], essas modificações não bastaram para pôr cobro à imprecisão da norma consolidada, na medida em que o requisito da delimitação de "matérias e valores impugnados" alcança tanto as decisões finais como as interlocutórias. Em artigo doutrinário publicado na *Revista LTr*[69], faz a seguinte observação:

> (...) considerando que o procedimento executório é riquíssimo em incidentes, que exigem decisões interlocutórias a cada passo, o resultado facílimo de verificar é a repetição, *ad nausem*, de agravos de petição, cada qual dando sua contribuição para o retardamento e o fracionamento da discussão de fundo.

2.9. Comprometimento da efetividade do processo de execução trabalhista

Chegando a este ponto do trabalho, acreditamos já ser possível fazermos uma primeira ilação sobre os principais pontos que comprometem a efetividade do processo de execução trabalhista. Como se viu, o aspecto histórico, que principia com a formação do direito processual do trabalho, aliado aos aspectos legislativo e estrutural da execução trabalhista constituem pontos críticos que embaraçam uma atuação jurisdicional mais eficiente.

Urge, também, que a execução seja levada ao centro dos debates sobre o acesso à Justiça. Não há razão, tampouco lógica, para que os esforços legislativos, intelectuais e orçamentários continuem a dar ênfase à fase de conhecimento, relegando a fase executiva. A efetiva prestação jurisdicional só se cumpre quando o Estado, além de dizer o direito, faz cumpri-lo.

De outra parte, é necessário que o Poder Judiciário disponha de elementos apropriados para fazer atuar adequadamente a vontade do Estado-Juiz na Execução. Essa questão foi chamada por *Luciano Athayde Chaves*[70] de "logística do

---

(67) *Op. cit.*, p. 172.
(68) *Op. cit.*, p. 351.
(69) Execução trabalhista: aspectos críticos. *Revista LTr*, São Paulo, v. 63, n. 1, p. 24, jan. 1999.
(70) O processo de execução trabalhista e o desafio da efetividade processual: a experiência da Secretaria de Execução Integrada de Natal/RN e outras reflexões. *Revista LTr*, São Paulo, v. 65, n. 12, p. 1453, dez. 2001.

processo de execução". Certamente a prestação jurisdicional só ocorrerá de forma satisfatória se houver estruturas administrativas adequadas, juízes em número suficiente, aparatos tecnológicos, dotações orçamentárias e recursos humanos.

Para *Chaves*[71], dentre os elementos logísticos imprescindíveis à execução, sobressaem: primeiramente, um corpo funcional devidamente capacitado para lidar com o processo de execução, o qual exige, além do conhecimento técnico jurídico, acuidade quanto à viabilidade de uma constrição, quanto às relações bancárias e interbancárias, e ao uso de recursos protelatórios. O Juiz da Execução deve ser um magistrado designado especificamente para esse fim, e o oficial de justiça deve estar devidamente capacitado, pois sua diligência trará consequências decisivas para o resultado final de uma execução; em segundo lugar, o investimento em comunicação, uma vez que em muito auxilia o acesso em tempo real a informações para condução do processo; por fim, o investimento em depósitos judiciais mostra-se imprescindível tendo em vista que, concretamente, tem-se apurado que os atos de constrição, quando seguidos da remoção imediata dos bens penhorados, são muito mais eficazes.

Aderimos a essas ideias por também considerarmos bons exemplos de investimento em logística, os quais contribuiriam, efetivamente, para a maximização de possibilidades de uma execução.

Buscando, no entanto, trazer subsídios para o aprofundamento da reflexão sobre a necessidade de ser repensado o sistema de execução trabalhista e a ela conferir maior otimização, passamos a analisar, no capítulo seguinte, as recentes alterações empreendidas na execução civil de título executivo judicial.

---

(71) *Ibid.*, p. 1453-1454.

3. A reforma da execução civil de título executivo judicial empreendida pela Lei n. 11.232/05

3.1. As reformas do CPC

A ideia do direito processual direcionada simplesmente a uma concentração de normas técnicas vem sendo, paulatinamente, abandonada pelos processualistas modernos que nela enxergam fator de obstáculo para o alcance da justa prestação jurisdicional, sem a qual não se justificaria a existência do processo.

As transformações da sociedade pós-moderna ocorrem num ritmo estonteante, imprimido, sobretudo, pela revolução tecnológica e de costumes, fazendo surgir novas exigências da sociedade. Do ponto de vista do processo judicial brasileiro, a adaptação a essas exigências requer o aperfeiçoamento do nosso sistema processual. Questões como a celeridade e a eficiência da prestação jurisdicional são consideradas aspectos pontuais para o aprimoramento do sistema.

Não se pode negar que hodiernamente haja uma explosão de litigiosidade, a qual impede que nossa justiça seja célere e efetiva, mas não estamos convencidos de que esse fenômeno tenha raízes num "caráter excessivamente adversarial" do cidadão brasileiro, como destacam recentes pesquisas sobre o tema[1]. Primeiro, porque não parece ser essa a índole de grande parte do povo brasileiro. Segundo, porque o grau de consciência do cidadão em relação aos seus direitos fica muito aquém do desejado nas camadas populacionais menos esclarecidas, que ainda constituem a maioria da população. Terceiro, porque diante de questão tão complexa, seria demais simplista dirigir a maior parte das atenções para esse fator.

Por outro lado, é preciso destacar que os problemas relativos à longa duração do processo e sua efetividade não são apenas nacionais, mas alcançam outros países, independentemente do sistema operado, ou seja, incidem tanto nos países que adotam o sistema romano-germânico (lei escrita) como nos que se orientam pelo sistema do *common law* (jurisprudência dominante)[2].

---

(1) A esse respeito, Nancy Andrighi e Gláucia Falsarella Foley, em matéria intitulada Sistema multiportas: o Judiciário e o consenso. *Folha de S. Paulo*, São Paulo, p. A3, 24 jun. 2008.

(2) CENEVIVA, Walter. Em artigo publicado sob o título Tribunais congestionados (lá fora), no jornal *Folha de São Paulo*, p. C2, 21 jun. 2008, informa que a Corte Europeia dos Direitos Humanos, supervisionada pelo Conselho da Europa, tem 80 mil processos em atraso, segundo matéria veiculada no *Financial Times*. Na Itália, consoante publicação no *La Repubblica*, um processo de separação contenciosa que teve início em 1975 somente foi

Com o propósito de ampliar o acesso à jurisdição célere e efetiva, o direito processual civil brasileiro vem sofrendo diversas alterações legislativas ao longo do tempo. Nada obstante, comumente, se atribua a reforma do Código de Processo Civil a um movimento que teve início na década de 1990, as alterações do Código Buzaid tiveram início antes mesmo de sua entrada em vigor em 1º de janeiro de 1974, pois, durante o período de sua vacância, a Lei n. 5.925, de 1º de outubro de 1973, retificou a redação de noventa e três de seus artigos.

Na década de 1980, foi constituída uma comissão com o propósito de implementar mudanças no CPC. Integraram essa comissão Luís Antônio de Andrade, José Joaquim Calmon de Passos, Kazuo Watanabe, Joaquim Correia de Carvalho Junior e Sérgio Bermudes, os quais elaboraram um anteprojeto de reforma do CPC que não teve prosseguimento.

Na década seguinte, consoante relato de *Paulo H. Moritz Martins da Silva*[3], por meio do Ministério da Justiça, constitui-se nova comissão de juristas com o objetivo de reformar o CPC, a qual foi coordenada por Sálvio de Figueiredo Teixeira, na época Ministro do Superior Tribunal de Justiça e "Athos Gusmão Carneiro, Ministro aposentado daquela Corte e representante do Instituto Brasileiro de Direito Processual, entidade presidida pela Professora Ada Pellegrini Grinover". Também participaram desse grupo Celso Agrícola Barbi, Humberto Theodoro Junior, José Carlos Barbosa Moreira, José Eduardo Carreira Alvim, Kazuo Watanabe, Sérgio Sahione Fadel e Fátima Nancy Andrighi, que secretariou a comissão.

O objetivo inicial dessa segunda comissão, que contava com a participação da Escola Nacional de Magistratura e do Instituto de Direito Processual, era propor um anteprojeto de reforma total do CPC. Contudo, tendo em vista a realidade temporal do processo legislativo, escolheu-se a realização de reformas setoriais, preservando-se, com isso, a estrutura do Código. Dessa forma, foram apresentados diversos anteprojetos de lei que possibilitaram o início das alterações no Diploma, movimento que ficou conhecido como "minirreforma do CPC", cujo escopo centrava-se na ampliação do acesso à jurisdição célere e efetiva.

A partir da década de 1990, o Código de Processo Civil foi sendo pausadamente alterado. Embora as Leis n. 8.455, de 24.08.92 (alterou a prova pericial), e 8.710, de 24.09.93 (alterou a citação), tenham inserido mudanças relevantes no CPC, para a maior parte da doutrina, a primeira onda reformista teve início mesmo a começar de 1994, estendendo-se até 1995, com o advento das Leis n. 8.898, de 29.06.94 (alterou a liquidação de sentença), n. 8.950, de 13.12.94 (alterou os recursos), n. 8.951, de 13.12.94 (alterou procedimentos

---
julgado em definitivo pela Corte de Cassação da Itália, que corresponde ao nosso Supremo Tribunal Federal, no início de 2008, tramitando por mais de 32 anos. Para Ceneviva, nem mesmo os Estados Unidos escapam a tal retardamento, exceto em processos muito simples.
(3) Considerações sobre as novas reformas do Código de Processo Civil. Disponível em: <http://www.mundo jurídico.adv.br/sis_doutrina> Acesso em: 17 jun. 2008.

das ações de consignação em pagamento e de usucapião), n. 8.952, de 13.12.94 (alterou processo de conhecimento e cautelar, incluindo os institutos da tutela antecipada e da tutela específica referente às obrigações de fazer e não fazer), n. 8.953, de 13. de dezembro de 1994 (alterou o processo de execução), n. 9.079, de 14 de julho de 1995 (adoção do procedimento monitório), n. 9.139, de 30 de novembro de 1995 (alterou agravo de instrumento), e n. 9.245, de 26 de dezembro de 1995 (alterou o procedimento sumaríssimo).

A segunda onda de reforma do CPC, que ficou também conhecida como "reforma da reforma", ocorreu entre os anos de 2001 e 2002 e foi composta pelas Leis n. 10.352, de 26.12.2001 (alterou recursos e o reexame necessário), n. 10.358, de 27.12.2001 (alterou o processo de conhecimento) e n. 10.444, de 7.5.2002 (alterou o processo de conhecimento e o processo de execução).

Como é sabido, o Código de Processo Civil de 1973 foi elaborado a partir das teorias de Enrico Tullio Liebman, uma vez que Alfredo Buzaid, discípulo direto do mestre italiano, buscou na obra e nas ideias do notável processualista peninsular, as quais influenciaram todo o sistema processual brasileiro, subsídios não só para reformular institutos previstos no CPC de 1939, como também para introduzir novos institutos estranhos ao sistema pátrio. Por essa razão, a regulação do processo de execução no CPC de 1973 inspirou-se nos estudos de Liebman.

Na segunda fase reformista, a Lei n. 10.444/02, além de confirmar expressamente a efetivação no mesmo processo da sentença que no processo de conhecimento, impõe o cumprimento da obrigação de fazer e não fazer, também incluiu o artigo 461-A ao CPC, normatizando a "tutela específica da obrigação de entrega de coisa" nos mesmos moldes das obrigações de fazer e não fazer, ou seja, igualmente, neste caso, a sentença proferida no processo de conhecimento deixa de ser efetivada por meio de processo autônomo de execução, e passa a sê-lo no bojo do mesmo processo de conhecimento. Com isso, inaugurou-se o movimento de ruptura do tradicional método "liebmaniano" de execução de sentença.

Seguindo, então, a tendência deflagrada no início da década de 1990, a terceira onda reformatória teve início no ano de 2005, e dela fazem parte as Leis n. 11.187, de 19 de outubro de 2005 (agravos retido e de instrumento), n. 11.232, de 22 de dezembro de 2005 (cumprimento de sentença), n. 11.276, de 7 de fevereiro de 2006 (interposição de recursos), n. 11.277, de 7 de fevereiro de 2006 (incluiu o art. 285-A ao CPC – ações repetitivas), n. 11.280, de 16 de fevereiro de 2006 (incompetência relativa, meios eletrônicos, prescrição, distribuição por dependência, exceção de incompetência, revelia, carta precatória e revogatória, ação rescisória e vista dos autos, revogação do art. 194 do CC), n. 11.382, de 6 de dezembro de 2006 (processo de execução), n. 11.418, de 19 de dezembro de 2006 (repercussão geral) e n. 11.419, de 19 de dezembro de 2006 (informatização do processo judicial).

Ressalte-se que as leis n. 11.187/05, n. 11.276/06, n. 11.277/06 e n. 11.280/06 foram desenvolvidas na Secretaria da Reforma do Judiciário do Ministério da Justiça, tendo em vista o Pacto de Estado em favor de um Judiciário mais rápido e Republicano, subscrito pelos três Poderes do Estado, em 15 de dezembro de 2004. Já a lei n. 11.232/05 teve por origem projeto de lei elaborado pelo Instituto Brasileiro de Direito Processual (IBDP), o qual foi agregado aos demais.

A denominada Reforma do Judiciário foi impulsionada pela EC 45/04, que, num esforço para garantir de forma célere e efetiva a realização dos direitos violados, introduziu modificações na estrutura do Poder Judiciário, dentre as quais se destaca a inclusão do inciso LXXVIII no art. 5º da Constituição Federal, que assegurou às partes a "razoável duração do processo e os meios que garantam a celeridade de tramitação", erigindo o princípio da celeridade processual em garantia constitucional.

O ingresso desse princípio na Constituição Federal recebeu críticas ácidas de parte da doutrina. *Manoel Antonio Teixeira Filho*[4], por exemplo, entendeu tratar-se de "uma solene declaração de princípios" que na realidade mais se aproxima de uma "retórica inconsequente", por acreditar que apenas uma ação que leve em conta os meios materiais e humanos é capaz de garantir a celeridade prometida, e não uma simples declaração.

De fato, sem os meios e métodos eficazes para prestigiar a celeridade que o novo princípio confere não há como garantir uma tutela jurisdicional tempestiva e justa. O tempo atua em desfavor da efetividade do processo, cuja longa duração traz nocividade, prejudicando a eliminação do conflito, a realização da justiça e comprometendo o alcance da paz social.

O conjunto de leis que integrou a terceira fase da reforma teve por escopo, sobretudo, dar concreção legal aos princípios constitucionais da duração razoável do processo e da efetividade da tutela jurisdicional, o primeiro expresso no citado inciso LXXVIII do artigo 5º da Lei Maior, e o segundo, por se tratar de um princípio implícito, decorre do disposto nos incisos XXXV (inafastabilidade do judiciário), LIV (devido processo legal) e LV (contraditório e ampla defesa), todos do art. 5º da Constituição Federal.

A Lei n. 11.232/05 alterou substancialmente a legislação processual civil, sendo na execução que esta lei fez sentir as mais profundas modificações no modelo processual civil até então em vigor, demonstrando querer imprimir-lhe uma nova tônica a fim de se adequar ao disposto no inciso LXXVIII do art. 5º da Lei Maior, introduzido pela EC 45/04.

Na reforma a que vem sendo submetido o Código de Processo Civil desde 1992, o legislador, orientando-se pelo fator "celeridade", assumiu o compromisso

---

(4) A Justiça do Trabalho e a Emenda Constitucional n. 45/2004. *Revista LTr*, São Paulo, v. 69, n. 1, p. 5-29, jan. 2005.

de dar efetividade à entrega da prestação jurisdicional. Esse é o espírito da Lei n. 11.232/05, que alterou conceitos e a estrutura do Código de Processo Civil no que se refere à execução de sentença.

As sucessivas ondas reformatórias deram uma configuração completamente diversa a vários institutos dos CPC. O modelo adotado pelo legislador de 1973 não acompanhou os anseios de uma sociedade carente de efetividade na entrega da prestação jurisdicional, razão pela qual os ajustes reformistas mostraram-se mais do que necessários.

3.2. O novo conceito de sentença

Dentre as diversas alterações impostas pela Lei n. 11.232/05, iniciamos o estudo pela nova redação dada ao § 1º do art 162 do CPC, que modificou substancialmente o conceito de sentença para ajustar-se ao novo status da execução civil por título judicial (mera fase procedimental do processo de conhecimento).

O art. 162 do CPC dispõe sobre os pronunciamentos do juiz de primeiro grau. O conceito de sentença está previsto no § 1º do art. 162. Anteriormente à reforma, a sentença era conceituada como "o ato pelo qual o juiz põe termo ao processo, decidindo ou não o mérito da causa", adotando-se unicamente o critério da finalidade ou dos efeitos (ato que extingue o processo) para conceituá-la. Após as modificações trazidas pela Lei n. 11.232/05, o § 1º do art. 162 passou a dispor que "sentença é o ato do juiz que implica alguma das situações previstas nos arts. 267 e 269 desta Lei", levando, assim, em conta o conteúdo do ato judicial, independentemente da extinção do feito, para chegar-se ao conceito de sentença.

Dessa forma, o pronunciamento judicial que tenha por objeto quaisquer das matérias contidas nos arts. 267 e 269, extinguindo ou não o processo, será sempre uma sentença. Essa é a lição de *Carreira Alvim* e *Alvim Cabral*[5], que sustentam que tal entendimento já estava pacificado na doutrina e na jurisprudência.

Nery Junior e *Andrade Nery*[6] ponderam que o CPC não só considerou "o conteúdo do ato (CPC 162 § 1º)", mas também levou em conta sua "finalidade (CPC 162 § 2º e 3º)" para definir os "pronunciamentos do juiz", mantendo ativo o instituto da "extinção do processo", haja vista que essa expressão foi renovada na redação dada pela Lei n. 11.232/05 ao *caput* do art. 267. Para os autores, o texto atual do § 1º do art. 162 emprega o critério misto (conteúdo e finalidade) na definição de sentença, observando o seguinte:

> (...) não se pode definir sentença apenas pelo que estabelece o CPC 162 § 1º, literal e isoladamente, mas sim levando-se em conta o sistema do CPC, isto é, considerando-se também o CPC 162 §§ 2º e 3º, 267 *caput*,

---
(5) *Cumprimento da sentença*, p. 13.
(6) *Código de Processo Civil comentado*, p. 372-373.

269 *caput*, 475-H, 475-M §3º, 504 (alterado pela L 11276/06), 513 e 522. O pronunciamento do juiz só será sentença se a) contiver uma das matérias previstas no CPC 267 ou 269 (CPC 162 §1º) e, cumulativamente, b) extinguir o processo (CPC 162 § 2º, a *contrario sensu*), porque se o pronunciamento for proferido "no curso do processo", isto é, sem que se lhe coloque termo, deverá ser definido como decisão interlocutória, impugnável por agravo (CPC 522), sob pena de instaurar-se o caos em matéria de recorribilidade desse mesmo pronunciamento.

Acreditamos que esse lapidado entendimento resulte de uma preocupação maior com a possibilidade de ruptura do sistema processual, mormente, no que se refere à recorribilidade "dos pronunciamentos judiciais". É o que transparece nos comentários que fazem a diversos artigos do CPC, como, por exemplo, o art. 475-H[7].

Para *Teixeira Filho*[8], o conceito expresso de sentença foi abandonado na redação atual do § 1º do art. 162, pois o legislador preferiu observar à "advertência oriunda das fontes romanas de que toda definição em direito é perigosa (*omnis definitio in ius civile periculosa est)*". Desprendendo-se da fixação de conceitos, o preceito legal conformou o pronunciamento do juiz de primeiro grau segundo as hipóteses previstas nos arts. 267 e 269, o que o tornou mais objetivo.

Os arts. 267 e 269, por sua vez, também tiveram seus textos modificados. A nova redação dada ao *caput* do art. 267 dispõe que "Extingue-se o processo, sem resolução de mérito"; o texto revogado dispunha que "Extingue-se o processo, sem julgamento do mérito". O *caput* do art. 269, cuja redação anterior era "Extingue-se o processo com julgamento de mérito", foi substituído pela simples menção "Haverá resolução de mérito". Como se pode observar, no primeiro caso tratou-se apenas de uma mudança terminológica ("sem julgamento de mérito" para "sem resolução de mérito"). Com relação ao art. 269, as mudanças ocorridas mostraram-se muito mais substanciais, pois, além da alteração do termo "julgamento" por "resolução", também foi excluída a expressão "Extingue-se o processo".

Pode-se dizer que tais alterações são repercussões da atual concepção de sentença estampada no § 1º do art. 162 do CPC, que objetivamente remete-se aos arts. 267 e 269, prestigiando o critério do "conteúdo do ato judicial" para conceituação de um pronunciamento judicial. Para alguns doutrinadores, essas modificações mostraram-se absolutamente desnecessárias, além do que padeceram da melhor técnica jurídica.

---

(7) NERY JUNIOR, Nelson; NERY, Rosa Maria de Andrade. *Código de Processo Civil comentado*, p. 437-438: "Art. 475-H. 4. Julgamento da liquidação de sentença. Generalidades. (...) Essa conceituação de sentença do CPC 162 § 1º, na redação que lhe deu a L 11232/05, não altera a essência do instituto, pois, diante do que dispõe o sistema do Código, sentença é o pronunciamento do juiz de primeiro grau que contenha alguma das matérias do CPC 267 ou 269 e que, ao mesmo tempo, extinga o processo ou o procedimento no primeiro grau de jurisdição. Caso não se mantenha esse conceito, haverá quebra do sistema processual do CPC, com retrocesso injustificável de efetividade do direito processual civil, notadamente, no que tange à recorribilidade dos pronunciamentos judiciais".
(8) As novas leis alterantes do processo civil e sua repercussão no processo do trabalho. *Revista LTr*, São Paulo, v. 70, n. 3, p. 275, mar. 2006.

Novamente nas lições de *Carreira Alvim* e *Alvim Cabral*[9], as alterações dos arts. 267 e 269 tiveram por escopo harmonizarem-se com as atuais regras sobre o "cumprimento da sentença", uma vez que não há mais falar-se em extinção do processo na hipótese de julgamento do mérito, pois haverá o prosseguimento da mesma relação processual para o cumprimento das "obrigações de fazer, não fazer (art. 461) e de entrega de coisa (461-A), só havendo lugar para a execução nas obrigações por quantia certa, e mesmo assim, de forma sincretizada, à medida que desaparece a ação de embargos passando a sentença a ser objeto de mera impugnação (art. 475-L)". Acrescentam também que, mesmo nos casos de "extinção do processo sem resolução de mérito (art. 267)", proceder-se-á o "cumprimento de sentença" havendo condenação do sucumbente em despesas processuais despendidas com a propositura da ação.

Carlos Henrique Bezerra Leite[10], discorrendo sobre o assunto, entende que essas alterações tiveram o condão de corrigir-se uma "tautologia", uma vez que somente o esgotamento dos recursos direcionados à reforma ou anulação da sentença extingue, efetivamente, o processo.

Em suma, a ideia clássica da autonomia da sentença foi substituída pela elaboração intelectual "do cumprimento da sentença como mera fase do processo", o que exigiu a modificação dos textos originais do art. 162, do *caput* dos arts. 267 e 269, assim como também do *caput* do art. 463, de onde foi eliminada a expressão "cumpre e acaba o ofício jurisdicional", uma vez que o CPC estabeleceu que o ofício jurisdicional não se esgota com a prolação da sentença.

Carreira Alvim e *Alvim Cabral*[11] chamam a atenção para o fato de que a redação anterior do art. 463 continha muitas imprecisões, como, por exemplo, quando dispunha sobre o cumprimento e término do ofício jurisdicional com a prolação da sentença, mas admitia sua alteração para correção de inexatidões materiais e erros de cálculo. Para os autores, a atual redação, ao expungir certas falhas, conciliou-se muito mais com a "realidade jurídico-processual".

O art. 463 do CPC trata do princípio da inalterabilidade da sentença pelo juiz. Mesmo considerando que na redação anterior entendiam doutrina e jurisprudência que a inalterabilidade alcançava tanto as "sentenças de mérito" quanto as "sentenças processuais", o texto atual dissipou qualquer dúvida e revelou-se muito mais técnico, aplicando-se, sem mais nada, o princípio da inalterabilidade às sentenças de mérito ou não, à exceção de algumas hipóteses, tais como a dos arts. 296 e 285-A, § 1º, do CPC.

Sob a égide da nova lei processual, o exaurimento da função jurisdicional não mais se correlaciona com a prolação da sentença. De outro modo, o processo nem sempre termina com a sentença, havendo, assim, uma modificação estrutural e conceitual necessária para compatibilizar-se com o ressurgimento do processo sincrético

---

(9) *Op. cit.*, p. 15-18.
(10) Cumprimento espontâneo da sentença (Lei n. 11.232/2005) e suas repercussões no processo do trabalho. *Revista LTr*, São Paulo, v. 70, n. 9, p. 1040-1041, set. 2006.
(11) *Op. cit.*, p. 19.

trazido pela Lei n. 11.232/05, no qual conhecimento e execução configuram etapas de um mesmo processo. Por essa razão, salvo as sentenças de cunho simplesmente declaratório ou que contenham "operações meramente cognitivas", conforme o dizer de *Bezerra Leite*[12], não há extinção do processo ao final da etapa de cognição nos casos, por exemplo, de condenação do réu, uma vez que o próprio juiz da fase de conhecimento continuará a praticar outros atos tendentes ao cumprimento da sentença.

3.3. Os efeitos da sentença quanto à declaração de vontade da parte

A lei n. 11.232/05 também incluiu na Seção I do Capítulo VIII do Título VIII do Livro I (Do Processo de Conhecimento) do CPC os arts. 466-A, 466-B e 466-C. Tais artigos não foram deslocados do art. 466, mas constituem disposições autônomas. Por outro lado, não representam novidade, uma vez que reproduzem o que dispunham os revogados artigos 639, 640 e 641 do CPC. Dessa forma, foram transferidas normas que se inseriam no processo de execução para o processo de conhecimento, as quais alojaram-se na Seção I, sob a terminologia específica "Dos requisitos e dos efeitos da sentença".

As ações que tenham por objeto declarações de vontade da parte contrária passam a ser disciplinadas pelos artigos 466-A, 466-B e 466-C. Embora representem situações diversas entre si, fazem parte de um só tipo de obrigação, que é a de fazer.

O art. 466-A, cuja redação é idêntica ao revogado art. 641, representa regra geral e trata da sentença que substitui a declaração de vontade que deveria ser emitida pelo devedor. A fonte obrigacional é a lei. O art. 466-B, repetindo o previsto no revogado art. 639, cuida da possibilidade da sentença concluir o ajuste, substituindo a vontade do devedor. Traduz regra especial, aplicável somente nas hipóteses em que a fonte da obrigação de emitir declaração de vontade seja um "contrato preliminar". Consoante *Jorge Leite*[13], trata-se de regra importada do Código de Processo Civil italiano (art. 2932, 1ª Parte)[14]. Por fim, o art. 466-C, constituindo regra especialíssima, reproduz o revogado art. 640, aludindo que nos contratos onerosos aquele que não cumpriu sua prestação não poderá exigir o cumprimento da obrigação da outra parte, acolhendo, dessa forma, a regra civilista da *exceptio non adimplenti contractus*.

---
(12) *Op. cit.*, p. 1041.
(13) LEITE, Gisele Pereira Jorge. O processo de execução de títulos judiciais que imponha obrigação de fazer ou não fazer e as principais modificações trazidas pela Lei n. 11.232/2005. Disponível em: <http://www.ambito juridico.com.br> Acesso em: 11 ago. 2008.
(14) "Códice Di Procedura Civile – Titolo IV – Dell'Esecuzione Forzata Di Obblighi Di Fare e Di Non Fare – 612 Provvedimento. Chi intende ottenere l'esecuzione forzata di una sentenza di condanna per violazione di um obbligo di fare o di non fare, dopo La notificazione del precetto, deve chiedere con ricorso al giudice dell'esecuzione (1) che siano determinate le modalità dell'esecuzione.
Il giudice dell'esecuzione (1) provvede sentita la parte obbligata. Nella sua ordinanza designa l'ufficiale giudiziario che deve procedere all'esecuzione e le persone Che debbono provvedere al comprimento dell'opera non eseguita o alla distruzione di quella compiuta".

Discorrendo sobre a realocação desses dispositivos, *Carreira Alvim e Alvim Cabral*[15] consideram que o art. 466-A afina-se muito mais com sua atual alocação – "onde se trata da sentença e da coisa julgada e dos requisitos e efeitos da sentença"; igual sorte tem o art. 466-B, que, por se tratar de regra atinente ao processo de conhecimento, estava fora de lugar no processo de execução. Já quanto ao art. 466-C, tecem severas críticas, apontando a existência de incompatibilidade entre a norma processual (art. 466-C) e a regra de direito material constante do art. 476 do CC, o que não ocorria antes da transposição, na medida em que o revogado art. 640 (reproduzido no atual art. 466-C) incluía-se no processo de execução, e, dessa maneira, "os direitos e deveres das partes já estavam definidos pela sentença condenatória, no processo de conhecimento".

Também se discute, na doutrina, a pertinência de inserir-se o trato dessa matéria logo após o art. 466, que cuida da hipoteca judiciária. Como já afirmado, as obrigações referentes à emissão de declaração de vontade são espécies de obrigações de fazer, por esse motivo sustenta-se que teria sido muito mais adequado alocar esses três artigos que estavam inseridos na Seção I (Da obrigação de fazer) do Capítulo III do Título II do Livro II do CPC para logo depois do art. 461 do CPC, incluído na Seção I do Capítulo VIII do Título VIII do Livro I, que trata da ação que tenha por objeto o cumprimento de obrigação de fazer ou não fazer.

A sentença substitutiva da vontade da parte faz parte do gênero das tutelas específicas, e como tal guarda natureza de conhecimento da matéria alegada, além do que, trata-se de sentença *stricto sensu*, razões pelas quais acreditamos que a inclusão dos arts. 466-A, 466-B e 466-C no Livro I revelou-se muito mais adequada do que sua anterior alocação (processo de execução), corrigindo-se com isso uma deformação existente na antiga estrutura do CPC. Apropriadamente, tais artigos estão alojados no capítulo que trata da "sentença e da coisa julgada", e na seção que cuida dos "requisitos e dos efeitos da sentença". Pensamos, no entanto, que por se tratar de obrigação de fazer, melhor seria se tivessem sido acomodados logo após o art. 461, que disciplina um novo instituto, consubstanciado na "ação de conhecimento de execução de obrigação de fazer ou não fazer"[16], o que amenizaria inclusive as inconveniências apontadas no art. 466-C pelos professores *Carreira Alvim* e *Alvim Cabral*.

---

(15) *Cumprimento da sentença*, p. 20-32.
(16) Os professores Nery Junior e Andrade Nery, dissertando sobre o art. 461 do CPC, assim se manifestam: "Agora, portanto, a regra do direito privado brasileiro – civil, comercial, do consumidor – quanto ao descumprimento da obrigação de fazer ou não fazer é a da execução específica, sendo exceção a resolução em perdas e danos. Trata-se de regra mista, de direito material e de direito processual, inserida no CPC. Lei federal que é, o CPC pode conter normas de direito processual e material. Assim como existem regras de direito processual no Código Civil (e.g. CC 212, 1314, 1616 etc), no Código de Processo Civil também há dispositivos reguladores de direito material, notadamente nas ações que se processam por procedimento especial (ação possessória, consignação em pagamento, usucapião, depósito etc). O caso no CPC 461 é um desses, já que nele existem regras materiais e processuais ao mesmo tempo". *Código de Processo Civil comentado*, p. 586.

Debate-se, ainda, a natureza jurídica da sentença substitutiva da declaração de vontade prolatada com supedâneo nos arts. 466-A, 466-B e 466-C. Para alguns doutrinadores cuida-se de sentença constitutiva, por entenderem, entre o mais, que o ato executório tem índole extraprocessual, porém, a maior parte da doutrina entende tratar-se de sentença condenatória-executiva.

Segundo a doutrina de *Humberto Theodoro Junior*[17], com apoio em Gabriel Rezende Filho, a sentença constitutiva não se limita à simples declaração do direito da parte, tampouco estipula a condenação do vencido a satisfazer qualquer prestação, mas sim "cria, modifica ou extingue um estado ou relação jurídica". Nas suas palavras: "seu efeito opera instantaneamente, dentro do próprio processo de cognição, de modo a não comportar ulterior execução da sentença".

Assim sendo, não vislumbramos como sustentar a constitutividade da sentença substitutiva da vontade da parte, uma vez que seus efeitos não se realizam de imediato, tornando-se imprescindível posterior execução, que a partir da Lei n. 11.232/05 ocorre na mesma fase do processado, na hipótese de descumprimento da condenação. Por essa razão entendemos tratar-se de sentença condenatória.

3.4. A liquidação de sentença no regime empreendido pela Lei n. 11.232/05

A sentença condenatória proferida no processo de conhecimento pode ser líquida ou ilíquida. No caso do título executivo judicial ser ilíquido, haverá a necessidade de liquidá-lo para conferir-lhe o atributo da liquidez, sem o qual ficará privado da condição de título executivo.

A Lei n. 11.232/05 modificou o sistema de liquidação de sentença até então vigente, deslocando-o do Livro II (Processo de Execução) para o Livro I (Processo de Conhecimento). Revogou-se o Capítulo VI do Título I do Livro II do CPC, passando a liquidação de sentença a ser regulada pelo Capítulo IX do Título VIII do Livro I, arts. 475-A a 475-H.

A alocação do instituto da liquidação logo em seguida às regras sobre a sentença e a coisa julgada corrobora os objetivos da reforma consubstanciados na celeridade processual, na medida em que lhe retira a autonomia e independência procedimental, confirmando a ideia de sincretismo.

As modificações operadas pela Lei n. 11.232/05 alcançaram a maioria dos dispositivos referentes à liquidação; alguns preceitos, no entanto, mantiveram a mesma redação, apenas mudando de lugar, a exemplo dos arts. 606, 608 e 610, que foram deslocados para os arts. 475-C, 475-E e 475-G.

---

(17) *Curso de direito processual civil*, p. 520.

A alteração geográfica do instituto da liquidação do Livro II para o Livro I do CPC foi muito bem recebida pela doutrina, tendo em vista o entendimento preponderante de que a liquidação não integrava o processo de execução, mas o antecedia[18].

Por outro lado, a nova sistemática acolheu os métodos de liquidação anteriormente previstos ("cálculo aritmético" – art. 475-B, "arbitramento" – art. 475-C e ss, e "artigos" – art. 475-E e ss). Com relação ao "cálculo aritmético", embora doutrina e jurisprudência tendam a desconsiderá-lo espécie de liquidação de sentença, convencemo-nos do contrário, por acreditarmos que a menor incidência de atos processuais que o distingue não lhe retira a natureza de método de liquidação.

Apesar de parte da doutrina ter entendido que a Lei n. 8.898/94, ao alterar o *caput* do art. 604 do CC, excluiu a liquidação por cálculos do contador, também defendeu-se a ideia de que o que se aboliu foi o cargo de contador do juízo, mas não o método de liquidação por simples cálculo. A Lei n. 10.444/02 voltou a fazer referência ao "contador do juízo" quando acrescentou dois parágrafos ao texto do art. 604. A Lei n. 11.232/05, por sua vez, repetiu o sistema do revogado art. 604.

3.4.1. Natureza jurídica da liquidação de sentença

A modificação estrutural e conceitual do processo civil buscou trazer novo contorno à liquidação de sentença, pretendendo que o instituto não seja mais tratado como ação autônoma, mas simples incidente processual, o qual fará a ligação entre a sentença condenatória ilíquida e a fase executória.

A ideia da liquidação de sentença como incidente processual é de aceitação bastante discutível na doutrina. Para *Rodrigo Mazzei*[19], o fato de em boa parte dos casos haver necessidade "de grande cognição até sua decisão final" impede que a liquidação seja vista como mero incidente processual, pois nessas hipóteses sobressai a natureza jurídica de ação da liquidação de sentença, ainda que para isso se dê preferência a uma interpretação lógica e não gramatical das novas regras do instituto.

Adotando semelhante enfoque, *Nery Junior* e *Andrade Nery*[20] ensinam que a liquidação de sentença tem natureza jurídica de ação. Embora exista certa divergência doutrinária quanto ao tipo de eficácia que tem a decisão da

---

(18) Explica Francisco Antonio de Oliveira que: "Num raciocínio de lógica formal, não se pode fugir à conclusão de que a citação somente poderá ser levada a efeito após a liquidação de sentença. Se a execução se iniciava após a liquidação e mediante citação, por certo esta não pertencia à execução". A nova reforma processual – Reflexos sobre o processo do trabalho – Leis n. 11.232/2005 e 11.280/2006. *Revista LTr*, São Paulo, v. 70, n. 12, p. 1422, dez. 2006.
(19) Liquidação de sentença. In: NEVES, Daniel Amorim Assunção; RAMOS, Glauco Gumerato; FREIRE, Rodrigo da Cunha Lima *et al. Reforma do CPC*, p. 150-154.
(20) *Código de Processo Civil comentado*, p. 629.

liquidação, entendem tratar-se de "ação de conhecimento de natureza constitutivo-integrativa", o que justifica a possibilidade de haver resultado "zero ou negativo" para o *quantum* da condenação, o que não poderia ocorrer caso fosse considerada sentença declaratória. Para eles, as modificações implementadas pela Lei n. 11.232/05 não alteraram a natureza jurídica da liquidação, que continua a ser de ação, o que a nova sistemática fez foi conferir-lhe rito procedimental mais célere, retirando-lhe a autonomia e independência do sistema anterior, porém, em suas palavras, tal circunstância:

> (...) não lhe retira a natureza jurídica de ação, que se exerce, contudo, dentro do mesmo processo, entendido este como sendo o conjunto formado pela cumulação de todas as pretensões e ações que se desenvolvem em *simultaneus processus*, sem instaurar nova relação jurídica processual. Portanto, na prática, a liquidação funciona com procedimento de sequência da ação de conhecimento sem maiores formalidades, isto é, sem necessidade de petição inicial e com dispensa da citação do réu. Essa solução não é novidade no sistema do CPC, que também não dá autonomia nem independência à reconvenção (processa-se dentro do processo da ação principal), que é, igualmente, ação, substituindo-se nela a citação pela intimação do reconvindo na pessoa de seu advogado (CPC 326).

Há, ainda, uma corrente doutrinária que entende que a liquidação de sentença é simples incidente processual nas hipóteses de liquidação por cálculo e arbitramento, mas não quando se refere à modalidade de liquidação por artigos, pois nesse caso tem-se efetivamente uma ação autônoma.

Em nosso sentir, a complexidade do instituto da liquidação de sentença dificulta qualquer conclusão única e definitiva a respeito de sua essência. De modo geral, poder-se-ia dizer que na nova sistemática empreendida pela Lei n. 11.232/05 a liquidação de sentença perdeu o *status* de autêntica ação para transformar-se em incidente processual, natureza jurídica essa agora positivada. Não se fala mais, por exemplo, em "sentença", mas em "decisão" (art. 475-H), atacável por agravo de instrumento, o que fortalece a ideia de natureza de incidente, além do que, o espírito expedito das reformas levadas a efeito não se coaduna com os rigores formais de uma "ação" (ainda que simplificada ou agilizada), que comprometeriam a celeridade processual pretendida (art. 5º, LXXVIII, da CF/88). Se não fosse assim, a reforma perderia sua utilidade.

A mens legis deu a entender que a liquidação de sentença é uma espécie de elo integrando a sentença condenatória ilíquida à fase de execução ou fase de cumprimento, o que se compatibiliza com a "unificação dos processos de conhecimento e execução", daí a natureza de incidente processual. Nesse viés, constituem exceções os arts. 475-A, § 2º (liquidação processada em autos apartados) e 475-E (liquidação por artigos – processada em conformidade com as regras do processo de conhecimento).

3.4.2. Linhas gerais da liquidação de sentença

O art. 475-A[21], em seu *caput*, refere-se apenas à liquidação no caso da sentença não determinar "o valor devido", parecendo deixar de fora as hipóteses de obrigação de fazer, não fazer e de entrega de coisa, anteriormente contempladas no *caput* do revogado art. 603[22], e impedir a liquidação para "individuar o objeto da condenação". Ocorre, entretanto, que os artigos 475-C (liquidação por arbitramento) e 475-E (liquidação por artigos) desfazem essa impressão, além do que o art. 475-I faz expressa referência aos arts. 461 e 461-A.

De outro modo, a segunda parte do art. 286 possibilita, em mais de uma hipótese, a formulação de pedido genérico, dentre elas a que consta no inciso I: "nas ações universais, se não puder o autor individuar na petição os bens demandados", assim, mesmo nesse caso, haverá liquidação, a qual se presume por artigos. Por essas razões, o art. 475-A não impede a liquidação para "individuar o objeto da condenação", mas para tanto deve ser interpretado em conjunto e não isoladamente. Esta é a lição precisa de *Carreira Alvim* e *Alvim Cabral*[23].

O § 1º do art. 475-A, coerentemente com a inserção do procedimento de liquidação no processo de conhecimento, dispensa a petição inicial e passa a referir-se à "intimação" da parte passiva na liquidação, na pessoa de seu advogado, abolindo a "citação" exigida no revogado art. 603, parágrafo único. O poder conferido ao advogado para receber essa intimação está não só expresso no dispositivo legal em comento, como também faz parte da cláusula *ad judicia* prevista no art. 38 do CPC. Consoante observa *Carreira Alvim*[24], essa regra diz respeito tão somente às liquidações por arbitramento e artigos, uma vez que na liquidação por cálculos o requerimento a ser feito é o de "cumprimento da sentença" (art. 475-B).

Já o § 2º do art. 475-A contempla a possibilidade da liquidação ser requerida ainda na pendência de recurso dotado, indiferentemente, de efeito devolutivo ou suspensivo, o que não se admitia antes da vigência da Lei n. 11.232/05. Como sustentam *Flavio Luiz Yarshell* e *Marcelo José Magalhães Bonício*[25], esse preceito não constitui grande novidade, pois comando semelhante já era previsto no § 1º do art. 830 do Código de Processo Civil de 1939.

Outra inovação introduzida pela Lei n. 11.232/05 diz respeito ao § 3º do art. 475-A[26], que faz referência às hipóteses das alíneas *d* e *e* do inciso II

---
(21) "Art. 475-A. Quando a sentença não determinar o valor devido, procede-se à sua liquidação".
(22) "Art. 603. Procede-se à liquidação, quando a sentença não determinar o valor ou não individuar o objeto da condenação".
(23) *Cumprimento da Sentença*, p. 34-35.
(24) *Alterações do Código de Processo Civil*, p. 157.
(25) *Execução Civil* – novos perfis, p. 70.
(26) "Art. 475-A.
(...)
§ 3º Nos processos sob procedimento comum sumário, referidos no art. 275, inciso II, alíneas *d* e *e* desta Lei, é defesa a sentença ilíquida, cumprindo ao juiz, se for o caso, fixar de plano, a seu prudente critério, o valor devido."

do art. 275, nas quais o juiz, em sede de procedimento sumário, fica impedido de proferir sentença ilíquida. Esse parágrafo certamente foi influenciado pelo art. 52, I, da Lei n. 9.099/95, que dispõe que nos Juizados Especiais as sentenças serão sempre líquidas.

Sobre esse preceito, *Milton Paulo de Carvalho*[27] pondera primeiro que há situações (como, por exemplo, produção complexa de prova) em que, mesmo nas hipóteses das alíneas *d* e *e* do inciso II do art. 275 do CPC, o autor poderá propor as respectivas ações em rito ordinário ou requerer a conversão do rito sumário; segundo, ainda quando o autor propuser a ação em rito sumário, lhe será possível formular pedido genérico (nos casos de dificuldade na apresentação do *quantum*), da mesma forma que será cabível a prolação de sentença ilíquida, seja certo ou genérico o pedido, com base no princípio do livre convencimento que deve orientar a interpretação do parágrafo único do art. 459 do CPC[28]. Dessa maneira, entende que a regra do § 3º do art. 475-A opõe-se à do art. 459, parágrafo único, na medida em que obriga o autor a submeter-se à sentença líquida, violando "sua liberdade de pedir e o direito de obter decisão conforme o que pediu".

Por outro lado, o § 3º do art. 475-A prevê que mesmo diante da ausência de indicação do *quantum* pelo autor, a sentença deverá ser líquida, ficando, nesse caso, o juiz autorizado a fixar "de plano" o valor devido em conformidade com "seu prudente critério". Embora não haja referência expressa, trata-se, certamente, de autorização para o juiz julgar por equidade.

Acreditamos que a proibição da condenação genérica e a determinação para que o juiz fixe o *quantum* "a seu prudente critério", estipuladas no comando do § 3º do art. 475-A, atentam contra o bom-senso, primeiro norte do direito. Quer nos parecer que a conversão do procedimento sumário para o ordinário ainda é a melhor solução para as hipóteses em que os elementos necessários à determinação do valor devido são de difícil alcance. Só assim não se correrá o risco de uma sentença injusta.

3.4.3. Modalidades de liquidação de sentença

O artigo 475-B cuida da liquidação mediante "cálculo aritmético", repetindo praticamente todo o sistema do revogado art. 604. Consoante observam *Nery Junior* e *Andrade Nery*[29], manteve-se no *caput* do art. 475-B a regra fundamental

---

(27) Pedido genérico e sentença líquida. In: SANTOS, Ernane Fidélis dos; WAMBIER, Luiz Rodrigues; NERY JR, Nelson *et al.* (coords.). *Execução civil:* estudos em homenagem ao Professor Humberto Theodoro Júnior, p. 241-245.
(28) Nesse sentido, a fala autorizada do prof. Milton Paulo de Carvalho: "Entendemos, assim, que o fundamento da regra do citado parágrafo único situa-se no respeito à liberdade do jurisdicionado, ou seja, de cada homem, fundamento que constitui característico do sistema processual brasileiro e permeia o nosso principal estatuto, entre outras disposições, desde o art. 2º, consagrando o princípio da iniciativa de parte; o art. 128, limitando a cognição do Estado-juiz àquilo que as partes trouxeram, e culminando no art. 459 e seu parágrafo, congruentemente, com a consagração do princípio da correlação entre o decidido e o pedido" (Pedido genérico e sentença líquida. In: *Execução civil*, p. 245).
(29) *Op. cit.*, p. 632.

do revogado art. 604 e redistribuiu-se o conteúdo de seus §§ 1º e 2º nos quatro parágrafos do art. 475-B. Com relação ao parágrafo 1º do art. 475-B, como notam *Yarshell* e *Bonício*[30], foram nele inseridas as mesmas disposições constantes nos arts. 355 a 363 do CPC, as quais não foram revogadas pela Lei n. 11.232/05, já que não concernem apenas à liquidação de sentença. Com isso, a liquidação de sentença passa "a contar com regra própria a respeito da exibição de documentos ou de quaisquer outros dados que possam ser úteis à descoberta do correto valor a ser exibido".

Quanto à liquidação por arbitramento, os arts. 457-C e 457-D reproduzem os revogados arts. 606 e 607, *caput,* respectivamente. Há, contudo, alteração no procedimento dessa modalidade de liquidação, que a partir da reforma dispensa a necessidade de petição inicial, nos termos do art. 282 do CPC, assim como a citação do réu, uma vez que não se instaura nova relação processual. Em consonância com regra do § 1º do art. 457-A, bastará simples requerimento do autor e intimação do réu, na pessoa de seu advogado, para que tenha início a liquidação. Esses novos contornos ressaltam, na liquidação por arbitramento, a conformação imposta de incidente processual, a qual mais se intensifica na redação dada ao parágrafo único do art. 475-D, ao mencionar "o juiz proferirá *decisão*" (grifo nosso).

A liquidação por artigos passa a ser disciplinada pelos arts. 475-E e 475-F, que repetem as disposições dos revogados arts. 608 e 609. Como preconiza *Rodrigo Mazzei*[31], nada obstante a natureza acessória da liquidação por artigos, em algumas hipóteses ela conserva larga autonomia, como no caso de alguns títulos judiciais que demandam grande "participação da liquidação por artigos para o detalhamento da condenação".

Por outro lado, a admissão da liquidação por artigos vinculada à "necessidade de alegar e provar fato novo", o qual deve dizer respeito apenas ao valor da condenação, sem modificar o que já foi julgado, conduz ao entendimento de que se trata de verdadeira ação e não simples incidente. A regra insculpida no art. 475-F manda aplicar "no que couber" o procedimento comum, referindo-se ao art. 272, isto é, o caminho procedimental na liquidação por artigos seguirá o rito ordinário ou sumário. Em geral, haverá coincidência com o rito adotado na ação que deu origem ao título.

3.4.4. Recurso cabível na liquidação de sentença

No que diz respeito à recorribilidade das decisões proferidas na liquidação de sentença, o art. 475-H não repetiu as disposições do revogado art. 611, já que seria dispensável diante do comando do art. 475-I. O novo preceito harmonizou-se com o art. 522 do CPC, embora a expressa previsão do cabimento do agravo

---

(30) *Execução civil:* novos perfis, p. 72-73.
(31) Liquidação de sentença. In: NEVES, Daniel Amorim Assunção; RAMOS, Glauco Gumerato; FREIRE, Rodrigo da Cunha Lima *et al. Reforma do CPC,* p. 186.

de instrumento para atacar decisão proferida na liquidação de sentença constitua exceção à regra geral do art. 522, *caput*, do CPC.

Coerente com as reformas introduzidas pela Lei n. 11.232/05, a liquidação de sentença passou a ser tratada como incidente processual. A redação do art. 457-H utiliza o termo "decisão" para caracterizar o provimento jurisdicional que julga a liquidação de sentença, demonstrando cuidar-se de uma decisão de natureza interlocutória que desafia o recurso de agravo de instrumento.

No entanto, existem hipóteses, como as dos arts. 475-E e 475-F, que podem não se compatibilizar com a regra do art. 457-H, que nenhuma ressalva faz a esse respeito, além do que o § 2º do art. 475-A prevê a possibilidade de a liquidação ser processada autonomamente. Nesse caso, o recurso de agravo de instrumento não se mostra adequado para atacar o pronunciamento do juiz que julgar a lide de liquidação. Para *Araken de Assis*[32], não se justificaria submeter a liquidação autônoma ao processo comum, e, de forma paralela, romper a regra geral da admissibilidade do recurso de apelação. Por essas razões, poderão surgir muitas dúvidas a respeito do recurso adequado na liquidação de sentença.

3.5. Cumprimento da sentença

O clamor da sociedade moderna por um Poder Judiciário que exerça suas atividades de forma rápida e justa, binômio do qual depende a efetividade do processo, mais se acentua quando se trata do processo de execução, mormente o que se refere a título judicial, no qual o direito já foi reconhecido, mas padece de satisfatividade.

A lei n. 11.232/05 pretendeu eliminar o processo de execução de título judicial, dando origem à fase de "cumprimento da sentença", a qual se realiza num mesmo procedimento (mediante simples pedido) e não em nova relação processual. A execução deixou de ser regrada no Livro II do CPC (Processo de Execução), inserindo-se no Capítulo X do Título VIII do Livro I do CPC (Processo de Conhecimento). Estabeleceu-se, assim, profunda ruptura com o modelo pátrio de execução civil até então vigente, no qual o processo executivo era diferente e distinto do processo de conhecimento, mesmo que a execução tivesse por objeto um título originado neste, representando, assim, um divisor na legislação processual civil.

O fim do processo de execução autônomo imposto pela Lei n. 11.232/05, quando fundado em sentença civil condenatória ou em outro título equivalente, embora não constitua novidade para o direito[33], sem dúvida, representa algo

---
(32) *Cumprimento da sentença*, p. 128.
(33) A esse respeito, José Augusto Rodrigues Pinto assim se manifesta: "(...) a Lei n. 11.252/05 nos traz de volta ao leito de concepção mais antiga, que parecia definitivamente banida de nosso direito positivo de processo pela opinião de seus melhores cultores." "(...) Com ela se retoma, parcialmente, a ideia de regresso do cumprimento forçado da sentença à natureza e estrutura do processo de cognição, de que será simples prolongamento." In: Compreensão didática da Lei n. 11.232, de 22.12.2005. *Revista LTr*, São Paulo, v. 70, n. 3, p. 308-316, 2006.

revolucionário, na medida em que processo de conhecimento e processo de execução passam a formar "uma unidade", confirmando o sincretismo tal como pretendido pelos defensores da técnica da "execução *per officium iudicis*". Nesse ponto, *Athos Gusmão Carneiro*[34], um dos autores do anteprojeto de reforma da execução, explica que para atualizar o processo de execução foi preciso um retorno, ainda que parcial, aos tempos medievais, restaurando-se o princípio de que *sententia habet paratam executionem,* nas suas palavras:

> Não se trata de afirmação paradoxal, mas sim, de simples constatação: a busca de um processo de execução "moderno" e eficiente, que sirva de instrumento adequado e célere para o cumprimento das sentenças, impôs o afastamento do formalista, demorado e sofisticado sistema da execução através de uma ação autônoma, réplica da *actio judicati* do direito romano. E implicou parcial retorno à expedita execução *per officium iudicis*, do direito comum medieval.

Não se pode esquecer, contudo, que isso começou a ser manifestado já na primeira fase da reforma, com a alteração dos artigos 273 e 461 do CPC, que abriu a possibilidade para que determinadas modalidades de execução ocorressem no mesmo processo inicial concessivo da tutela jurisdicional. *Humberto Theodoro Júnior*[35] observa o seguinte:

> No campo da execução, registrou-se um crescente movimento no sentido de romper com a dicotomia imposta pelo texto de 1973, que forçava o jurisdicionado a manejar duas ações para acertar e depois executar o mesmo direito subjetivo. O surgimento da antecipação de tutela e a criação de um regime próprio para as causas relativas às obrigações de fazer e não fazer (Lei n. 8.952, de 13-12-1994, que deu novas redações aos arts. 273 e 461 do CPC), vieram a comprovar que uma só ação, dentro de uma única relação processual, poderia permitir a atividade de acertamento e a execução forçada, eliminando em muitas hipóteses a necessidade da *actio iudicati* autônoma.

A Lei n. 11.232/05 rompeu com o paradigma processual anterior de execução, estabelecendo uma nova estrutura inspirada no teor do inciso LXXVIII do art. 5º da Constituição Federal, com o propósito de criar um instrumento mais moderno e ágil capaz de garantir a efetividade da tutela jurisdicional prestada.

Como assinala *Gusmão Carneiro*[36], na nova sistemática introduzida pela Lei n. 11.232/05, a sentença condenatória não terá eficácia apenas declaratória e constitutiva, mas também executiva, uma vez que permite a utilização imediata de "meios executivos adequados à efetiva 'satisfação' do credor",

---
(34) Do cumprimento da sentença, conforme a Lei n. 11.232/05 – Parcial retorno ao medievalismo? Por que não? In: ALVIM, Arruda; ARRUDA, Eduardo (coords.). *Atualidades do processo civil*, p. 87.
(35) *Processo de execução*, p. 54.
(36) *Op. cit.*, p. 99.

dispensando-se a instauração de nova relação jurídica processual para entrega do bem da vida ao credor da obrigação. Dessa forma, a sentença condenatória se revestirá de idêntica "satisfatividade" que caracteriza as sentenças simplesmente declaratórias e as constitutivas (de procedência).

3.5.1. Efetivação da sentença condenatória

O roteiro estabelecido pela Lei n. 11.232/05 para efetivação das sentenças condenatórias está regulado no Capítulo X, arts. 475-I a 475-R, que a seguir passamos a analisar:

> Art. 475-I. O cumprimento da sentença far-se-á conforme os arts. 461 e 461- A desta Lei ou, tratando-se de obrigação por quantia certa, por execução, nos termos dos demais artigos deste Capítulo.
>
> §1º. É definitiva a execução da sentença transitada em julgado e provisória quando se tratar de sentença impugnada mediante recurso ao qual não foi atribuído efeito suspensivo.
>
> §2º. Quando na sentença houver uma parte líquida e outra ilíquida, ao credor é lícito promover simultaneamente a execução daquela e, em autos apartados, a liquidação desta.

O *caput* desse artigo conduz à ideia de que tão somente as hipóteses de obrigações de fazer e não fazer e de entrega de coisa são passíveis de efetivo cumprimento. Cuidando-se de obrigação por quantia certa, impõe-se a necessidade de execução, nada obstante o caminho a ser percorrido seja o traçado para o cumprimento da sentença, cujas regras inserem-se no Capítulo X. Por esse motivo, *Carreira Alvim* e *Alvim Cabral*[37], argutamente, observam que: "A denominação do Capítulo X, 'DO CUMPRIMENTO DA SENTENÇA', não alcança em toda a sua extensão a realidade que pretende exprimir".

Razão assiste a *Fredie Didier Jr.*[38], que não vê o menor sentido nessa junção terminológica, pois sempre que se intentar tornar efetiva materialmente uma sentença que estabeleça uma prestação, qualquer que seja a sua natureza, se estará diante de uma execução. Dessa forma, pressupõe que para conservar a "terminologia do Código de Processo Civil", melhor teria sido falar que:

> a execução da sentença de fazer e não fazer dar-se-á segundo os termos do art. 461 do CPC; a da sentença de entrega de coisa, de acordo com o art. 461-A; e a sentença pecuniária, de acordo com as regras do cumprimento da sentença, previstas no art. 475-J e ss.

---
(37) *Cumprimento da sentença*, p. 58.
(38) Notas sobre a fase inicial do procedimento de cumprimento da sentença (Execução de sentença que imponha pagamento de quantia). In: SANTOS, Ernane Fidélis dos; WAMBIER, Luiz Rodrigues; NERY JR, Nelson *et al.* (coords.). *Execução Civil:* estudos em homenagem ao Professor Humberto Theodoro Júnior, p. 143-144.

As obrigações de fazer e não fazer (art. 461 do CPC), a partir de 1994, passaram a ser satisfeitas no próprio processo de conhecimento; posteriormente, em 2001, o mesmo se deu com as obrigações de entregar coisa (461-A). Agora, o *caput* do art. 475-I estende a regra do sincretismo processual, também, à execução de sentença por quantia certa, constituindo assim uma das principais inovações trazidas pela Lei n. 11.232/05, que aboliu o "processo de execução" e manteve a "execução", que se realiza no próprio processo de conhecimento, por "simples procedimento executório", no dizer de *Carreira Alvim*[39]. Excepcionalmente, haverá processo de execução nas hipóteses de títulos judiciais consubstanciados em sentença penal, sentença arbitral e sentença estrangeira previstos no art. 475-N, itens II, IV e VI, respectivamente.

O § 1º do art. 475-I reproduz o sistema do art. 587, que foi mantido à maneira de regra geral. Por essa razão, esse parágrafo foi visto por *Teixeira Filho*[40] como dispensável, já que não trouxe nenhuma modificação substancial. *Carreira Alvim* e *Alvim Cabral*[41] esclarecem, entretanto, que esse dispositivo objetivou "viabilizar o § 2º do art. 475-A". Não se pode desconsiderar, ainda, que "o reconhecimento do legislador" no que se refere à pluralidade dos efeitos recursais constitui um bom avanço, consoante observa *Daniel Amorim Assumpção Neves*[42].

No § 2º da norma comentada há praticamente uma repetição do que estabelece o § 2º do art. 586. A modificação fica por conta apenas da explicitação que se faz quanto à liquidação parcial de sentença realizar-se em autos apartados. Ressalte-se que a parte líquida da sentença será executada nos autos principais, e a parte ilíquida em autos apartados, o que não significa tratar-se de outro processo.

> Art. 475-J. Caso o devedor, condenado ao pagamento de quantia certa ou já fixada em liquidação, não o efetue no prazo de 15 (quinze) dias, o montante da condenação será acrescido de multa no percentual de 10% (dez por cento) e, a requerimento do credor e observado o disposto no art. 614, inciso II, desta Lei, expedir-se-á mandado de penhora e avaliação.
>
> §1º. Do auto de penhora e avaliação será de imediato intimado o executado, na pessoa de seu advogado (arts. 236 e 237), ou, na falta deste, o seu representante legal, ou pessoalmente, por mandado ou pelo correio, podendo oferecer impugnação, querendo, no prazo de 15 (quinze) dias.
>
> §2º. Caso o oficial de justiça não possa proceder à avaliação, por depender de conhecimento especializado, o juiz, de imediato, nomeará avaliador, assinando-lhe breve prazo para a entrega do laudo.

---

(39) *Alterações do Código de Processo Civil*, p. 172.
(40) As novas leis alterantes do processo civil e sua repercussão no processo do trabalho. *Revista LTr*, São Paulo, v. 70, n. 3. p. 285, mar. 2006.
(41) *Op. cit.*, p. 63.
(42) Início do cumprimento da sentença. In: NEVES, Daniel Amorim Assunção; RAMOS, Glauco Gumerato; FREIRE, Rodrigo da Cunha Lima *et al. Reforma do CPC*, p. 211.

§3º. O exequente poderá, em seu requerimento, indicar desde logo os bens a serem penhorados.

§4º. Efetuado o pagamento parcial no prazo previsto no *caput* deste artigo, a multa de 10% (dez por cento) incidirá sobre o restante.

§5º. Não sendo requerida a execução no prazo de 6 (seis meses), o juiz mandará arquivar os autos, sem prejuízo de seu desarquivamento a pedido da parte.

O primeiro destaque que se faz a respeito do art. 475-J consiste na materialização do processo sincrético, que representa a grande inovação no sistema processual civil. Quanto aos seus termos, critica-se a redundância da redação do *caput* desta norma, na medida em que fala "em pagamento de quantia certa ou já fixada em liquidação". Ora, se já houve liquidação, a quantia a ser cobrada só pode ser certa, daí a espirituosa afirmação de *Daniel Amorim Assumpção Neves*[43] no sentido de que "o legislador 'choveu no molhado' ".

Pela nova regra, o devedor terá quinze dias para efetuar espontaneamente o pagamento de quantia a que foi condenado por sentença, sob pena de o montante da condenação ser acrescido de multa de dez por cento. Anteriormente, o devedor era citado "para, no prazo de 24 horas, pagar ou nomear bens à penhora" (disposição expressa no art. 652 do CPC, antes de ter sua redação alterada pela Lei n. 11.382/06).

A natureza jurídica da multa instituída pelo legislador não está pacificada na doutrina. *Assumpção Neves*[44] entende que se trata apenas de multa punitiva, sendo inadequado concebê-la também como forma de execução indireta. Já *Didier Jr.*[45] opina pela dupla finalidade: coerção e sanção.

Acreditamos que o objetivo da multa de dez por cento é não só constranger o devedor a cumprir voluntariamente a obrigação, mas também punir o inadimplemento. A despeito de tratar-se de medida executiva indireta, não pode ser confundida com as providências utilizadas para dar concreção às obrigações específicas, pois essas têm origem em decisão judicial (art. 461, §§ 4º e 5º). A realidade é que o aprimoramento introduzido pela Lei n. 10.444/02 às execuções de obrigação de fazer e não fazer alcança agora, da mesma forma, as execuções de obrigações de dar.

Quanto ao momento no qual incide a multa, não há pacificação doutrinária. Discorrendo sobre o assunto, *Jorge Eustácio da Silva Frias*[46] sustenta que há três posições doutrinárias: uma que prevê que o prazo para pagamento da multa é

---
(43) *Op. cit.*, p. 211.
(44) *Op. cit.*, p. 218
(45) Notas sobre a fase inicial do procedimento de cumprimento da sentença (Execução de sentença que imponha pagamento de quantia). In: SANTOS, Ernane Fidélis dos; WAMBIER, Luiz Rodrigues; NERY JR, Nelson *et al.* (coords.). *Execução civil*: Estudos em homenagem ao Professor Humberto Theodoro Júnior, p. 144.
(46) A multa pelo descumprimento da condenação em quantia certa e o novo conceito de sentença. In: SANTOS, Ernane Fidélis dos *et al. Execução civil*: estudos em homenagem ao Professor Humberto Theodoro Júnior, p. 157.

de 15 dias após o trânsito em julgado da sentença; outra que entende ser devida superados esses 15 dias, desde que a sentença condenatória possa ser executada, ainda que pendente recurso com efeito somente devolutivo; e a terceira sustenta que a multa é devida também superados esses 15 dias, mas após a intimação da parte da condenação líquida ou da liquidação efetivada.

Diante da vagueza do art. 475-J, que não dispõe de forma clara e exata a partir de quando se inicia o prazo para pagamento do valor da condenação, também se discute a incidência da multa de 10% sobre a execução provisória. A doutrina parece inclinar-se pelo não cabimento, já que a execução provisória só tem lugar por iniciativa, conta e risco do credor. Esta é a lição de *Marcelo Rodrigues Prata*[47], com apoio em *Humberto Theodoro Júnior* e *Ernane Fidélis dos Santos*.

Em razão desses fatos, discute-se a necessidade de o devedor ser ou não intimado para cumprir espontaneamente a decisão. Segundo *Assumpção Neves*[48], para que tenha início a contagem do prazo para o cumprimento da decisão é preciso antes que o demandante aponte o "valor atualizado a ser pago" (em harmonia com o art. 475-B), e depois seja intimado o demandado, na pessoa de seu advogado, mesmo se tratando de uma obrigação pessoal, em consonância com o princípio da celeridade. Em sentido semelhante *Didier Jr.*[49], que acrescenta tratar-se de tendência que vem se fixando em nosso ordenamento, a exemplo de hipóteses como dos "arts 57, 316, 475-A § 1º, 475-J, § 1º, 659, § 5º etc.".

Considerando que o início do *tempus iudicati* de quinze dias para o pagamento da quantia certa, fixada em sentença ou na fase de liquidação, poderá depender de vários fatores, tome-se ainda como exemplo a existência de incerteza quanto à data do trânsito em julgado da decisão, não há dúvida que torna-se necessária a intimação do demandado, a qual será feita na pessoa de seu advogado, de ordinário, pela imprensa, sem que se configure mácula à segurança jurídica, mas em prestígio à instrumentalidade inclinada à satisfação célere do direito. Essa intimação independe de requerimento do demandante, podendo ser determinada *ex officio*, consoante a regra do art. 262 do CPC.

Já para o início da fase de prática de atos de execução forçada, o legislador, na parte final do *caput* do art. 475-J, determinou expressamente o "requerimento do credor", o qual foi entendido pela doutrina como equivalente à petição inicial, sujeito, inclusive, aos requisitos dos arts. 282, 283 e 614 do CPC[50]. A adoção, nessa etapa, do princípio dispositivo parece não se justificar, além do que se opõe ao sincretismo processual introduzido pela Lei n. 11.232/05.

---

(47) A multa do art. 475-J do Código de Processo Civil e a sua aplicabilidade no processo trabalhista. *Revista LTr*, São Paulo,. v. 72,. p. 796, jul. 2008.
(48) *Op. cit.*, p. 212-217.
(49) *Op. cit.*, p. 145.
(50) Nesse sentido, NERY JR, Nelson; NERY, Rosa Maria Andrade. *Código de Processo Civil comentado*, p. 641.

Quanto à determinação para que seja observado o art. 614, II, do CPC, no requerimento de expedição de "mandado de penhora e avaliação", é preciso fazer alguns temperamentos. Isto porque o art. 614, II, do CPC, ordena que o débito deve ser atualizado até a data da "propositura da ação", quando, pela nova realidade, o cumprimento da sentença não reclama ação, daí, conforme a explicação dada por *Carreira Alvim* e *Alvim Cabral*[51], deve-se entender por "data da propositura da ação" a "data do requerimento (ou pedido) executório".

Para *Assumpção Neves*[52], havia mais lógica no sistema anterior, que entendia que a petição inicial, acompanhada do "demonstrativo de cálculo", constituía o primeiro ato do processo de execução, observando que:

> A redação do art. 475-J do CPC tenta seguir o mesmo sentido ao regulamentar que o requerimento – pretensamente o primeiro ato da fase de cumprimento de sentença – deve conter o demonstrativo de cálculo.
>
> Ocorre, entretanto, que antes do requerimento previsto em lei já terá transcorrido o prazo de quinze dias para que o demandado cumpra sua obrigação, sendo inegável que a fase de cumprimento de sentença em tese teria começado antes mesmo do requerimento do demandante.
>
> A regra inserta no § 1º do art. 475-J pretendeu expungir as dificuldades do sistema anterior quanto à intimação do demandado acerca dos atos processuais de penhora e avaliação, possibilitando, nesse caso também, sua realização "na pessoa de seu advogado", na forma dos arts. 236 e 237 do CPC. Somente na ausência de advogado constituído nos autos, admite-se a intimação pessoal do devedor ou de seu representante legal, que poderá ser feita por mandado ou pelo correio. Após a intimação, o devedor, no prazo de quinze dias, poderá oferecer "impugnação" e não mais "embargos", que ficaram restritos aos títulos extrajudiciais. Da intimação da penhora e avaliação correrá o prazo para o ingresso da impugnação.
>
> Diante da imprecisão dos termos do parágrafo em comentário, surge a dúvida a respeito da necessidade do juízo estar seguro pela penhora para que o devedor possa oferecer impugnação. A interpretação isolada desse preceito sugere que apenas estando seguro o juízo poderá o devedor apresentar impugnação, sendo admissível, antes disso, a utilização de outros meios de defesa, tais como a exceção ou objeção de pré-executividade. Contudo, na execução de título extrajudicial, os embargos poderão ser opostos sem necessidade da segurança do juízo, consoante a nova redação dada pela Lei n. 11.382/06 ao art. 736 do CPC.
>
> Dessa forma, não nos parece o mais razoável entender que a garantia do juízo é imprescindível para o oferecimento da impugnação, o que poderá tornar o procedimento menos expedito, justamente onde a intenção do legislador é dar

---
(51) *Cumprimento de sentença*, p. 66.
(52) *Op. cit.*, p. 225.

efetividade ao direito do credor o mais rápido possível. Apesar disso, há posições de notáveis doutrinadores entendendo que a penhora foi mantida como condição para o ingresso da impugnação[53].

O § 2º do art. 475-J, de forma pragmática, reserva a figura do "perito avaliador" apenas para os casos em que o oficial de justiça não esteja apto a indicar o valor do bem penhorado, circunstância essa que deverá constar no auto de penhora. Trata-se de medida que traz celeridade ao processo, uma vez que restringe a utilização do instituto da avaliação, que sempre poderá trazer algum grau de complicação, aos casos excepcionais.

As partes poderão manifestar-se, em atendimento ao princípio do contraditório, tanto em relação à avaliação efetuada pelo oficial de justiça, como à elaborada pelo perito avaliador, as quais poderão ser impugnadas consoante a regra do art. 475-L, III. A doutrina não vê muito sentido em nomear-se um "perito avaliador" e, em caso de impugnação, o bem vir a ser novamente periciado. Diante da possibilidade de impugnação, melhor seria atribuir-se ao bem penhorado um valor provisório. Esta é lição de *Carreira Alvim*[54].

O § 3º do art. 475-J abre a possibilidade de o credor, no requerimento inicial de cumprimento da sentença, indicar os bens a serem penhorados, ressalvadas as hipóteses previstas no art. 649 do CPC. Não exercendo o credor essa faculdade, o oficial de justiça deverá observar a ordem prevista no art. 655 do CPC. O novo sistema acaba com a "nomeação de bens pelo devedor" prevista anteriormente. Disposição semelhante já era prevista no art. 53, *caput*, da Lei n. 8.212/91 (Lei Orgânica da Seguridade Social), que faculta à União a indicação de bens à penhora.

Para *Assumpção Neves*[55], não foi a indicação de bens pelo credor (exequente) a mais importante alteração imprimida pelo parágrafo em exame, mas sim a oportunidade que se abriu para a reinterpretação do art. 600, IV, do CPC (que prevê que a não indicação de bens pelo executado, depois de intimado, constitui ato atentatório à dignidade da justiça) à luz do novo § 3º do art. 475-J. Com isso, rende-se ensejo para previsão de algum tipo "de dever ao executado no que tange à indicação de seus bens no processo de execução". Essa tendência é confirmada na maior parte das modernas legislações processuais, tais como a alemã, a dinamarquesa, a portuguesa e a espanhola.

O § 4º do art. 475-J dispõe que em caso de pagamento parcial no prazo estabelecido no *caput* do artigo, a multa de dez por cento incidirá sobre o restante. Para *Athos Gusmão Carneiro*, trata-se de norma de "equidade" própria das razões que levaram a criar esse gravame.

---

(53) Nesse sentido, MEDINA, José Miguel Garcia; WAMBIER, Luiz Rodrigues; WAMBIER, Teresa Arruda Alvim. Os embargos à execução de título extrajudicial na nova Lei n. 11.382/2006. In: BRUSCHI, Gilberto Gomes; SHIMURA, Sergio (coords.). *Execução civil e cumprimento da sentença*, p. 310.
(54) *Alterações do Código de Processo Civil*, p. 176.
(55) *Op. cit.*, p. 233-236.

No magistério de *Carreira Alvim* e *Alvim Cabral*[56], há uma contradição entre o preceito em análise e o art. 581 do CPC, que faculta ao credor recusar o recebimento defeituoso da obrigação, no qual poderia encaixar-se o pagamento parcial citado no parágrafo em estudo. Enfatizam que, provavelmente, o paradigma adotado tenha sido a consignação em pagamento que admite o depósito parcial, porém, nesse caso, "ainda não há certeza quanto ao valor efetivamente devido", o que não é a hipótese do § 4º do art. 475-J.

Nada obstante as doutas formulações de *Carreira Alvim* e *Alvim Cabral*, humildemente, defendemos cuidar-se de contradição aparente, pois haverá hipótese em que o devedor (executado) poderá alegar que existe excesso de execução, daí o pagamento parcial. De outro modo, também há o exemplo do novo art. 745-A, cuja regra possibilita o parcelamento da dívida, acrescida dos encargos legais, no caso de reconhecimento pelo executado do crédito do exequente e depósito de trinta por cento do "valor em execução". Assim sendo, acreditamos que a multa de dez por cento incidindo apenas sobre o montante que remanescer parece ser o legalmente justo.

Por fim, o § 5º do art. 475-J fixa o prazo de seis meses para o credor requerer o cumprimento da sentença, que deverá ser contado a partir do prazo estabelecido no *caput* do art. 475-J. A inércia do credor tem como consequência o arquivamento dos autos, que constitui espécie de sanção processual, além do que, perderá eficácia eventual arresto que lhe tenha sido deferido. Ressalte-se, contudo, que esse arquivamento é provisório, podendo ser requerido o desarquivamento a qualquer momento, desde que não sobrevenha a prescrição que poderá ser decretada de ofício pelo juiz.

Art. 475-L. A impugnação somente poderá versar sobre:

I – falta ou nulidade da citação, se o processo correu à revelia;

II – inexigibilidade do título;

III – penhora incorreta ou avaliação errônea;

IV – ilegitimidade das partes;

V – excesso de execução;

VI – qualquer causa impeditiva, modificativa ou extintiva da obrigação, como pagamento, novação, compensação, transação ou prescrição, desde que superveniente à sentença.

§ 1º. Para efeito do disposto no inciso II do *caput* deste artigo, considerasse também inexigível o título judicial fundado em lei ou ato normativo declarados inconstitucionais pelo Supremo Tribunal Federal, ou fundado em aplicação ou interpretação da lei ou ato normativo tidas pelo Supremo Tribunal Federal como incompatíveis com a Constituição Federal.

---

(56) *Cumprimento da sentença*, p. 70-71.

§ 2º. Quando o executado alegar que o exequente, em excesso de execução, pleiteia quantia superior à resultante da sentença, cumprir-lhe-á declarar de imediato o valor que entende correto, sob pena de rejeição liminar dessa impugnação.

Outra inovação introduzida pela Lei n. 11.232/05, o instituto da impugnação foi criado para substituir os "embargos do devedor", possuindo, no entanto, contornos semelhantes, já que repete em boa parte as disposições da atual redação do art. 741 do CPC, porém sem a autonomia procedimental dos embargos anteriormente opostos no processo de execução de título judicial, pois sendo o cumprimento da sentença condenatória, criada no lugar da execução de título judicial, mera fase do processo de conhecimento, não haveria razão para que a impugnação instaurasse nova relação jurídica processual.

Contudo, a questão da natureza jurídica da impugnação tem provocado muita inquietação na doutrina. Para alguns, a matéria veiculada é determinante para se chegar à natureza jurídica da impugnação. Nessa conformidade, tratando-se de matéria preliminar, será simples incidente, mas cuidando-se de matéria de mérito, será ação incidental.

Flávio Luiz Yarshell e *Marcelo José Magalhães Bonício*[57], sem optarem por uma ou outra possibilidade, cogitam que a impugnação pode ser entendida com natureza de ação ou não, e cuidando-se desta última hipótese, talvez fosse possível classificá-la como "forma de exceção". Argumentam, ainda, que a adoção do processo sincrético não implicava necessariamente a "supressão dos embargos", concluindo que pode não haver novo processo a impugnação, mas sempre haverá cognição, pois não se muda a natureza das coisas por simples alteração legislativa.

Já para *Nery Junior* e *Andrade Nery*[58], a impugnação tem natureza jurídica de ação. Isto porque o impugnante tem pretensão "declaratória" (*v. g.* inexistência de citação) ou "desconstitutiva da eficácia executiva do título exequendo" ou de "atos da execução". Cuida-se de misto de ação e defesa, porém sem autonomia procedimental.

Em nosso sentir, é preciso inicialmente considerar que o perfil do processo de conhecimento e do processo de execução foi profundamente alterado com as reformas introduzidas no processo civil desde a década de 1990. Rompeu-se, assim, com a ideia clássica de que no processo de conhecimento só se realizam atos de cognição, e no processo de execução, atos executivos. Hodiernamente, é possível encontrar atos de execução no processo de conhecimento (arts. 273, 461, 461-A), assim como também atos de cognição na execução, mesmo que de maneira muito mais fluida. O instituto da impugnação criado pela Lei n. 11.232/05 traz exatamente essa feição, ainda que permita maiores atos de cognição dentro da fase executiva. Por essas razões, acreditamos que a impugnação tem natureza jurídica de mero incidente processual, que possibilita a ampla defesa do executado.

---

(57) *Execução civil* – novos perfis, p. 43-45.
(58) *Código de Processo Civil comentado*, p. 645-646.

Quanto às hipóteses tratadas nos incisos do art. 475-L, percebe-se grande similitude com as descritas na atual redação do art. 741, dada pela Lei n. 11.232/05, o qual passou a disciplinar apenas os "Embargos à Execução contra a Fazenda Pública". As diferenças encontradas ficam por conta das situações de "cumulação indevida de execuções", "incompetência do juízo de execução, bem como suspeição ou impedimento do juiz" e "penhora incorreta ou avaliação errônea". A primeira e a segunda hipótese não foram incluídas no art. 475-L, e a terceira foi somente nele inserida. O rol de hipóteses de cabimento da impugnação constante na norma ora comentada nos parece taxativo (haja vista a utilização do advérbio "somente" no *caput* do artigo), acompanhando tendência doutrinária já manifestada quanto aos "embargos à execução" previstos no sistema revogado.

Embora a formulação referente à "incompetência do juízo de execução, bem como suspeição ou impedimento do juiz" não tenha previsão expressa no art. 475-L, nem por isso o executado ficará impedido de opor essas defesas, para tanto deverá manejar a exceção apropriada, que correrá em autos apartados.

As possibilidades de contestação aos atos executórios previstas no art. 475-L, de forma geral, mantiveram os fundamentos tradicionais que orientavam o sistema anterior, apresentando apenas adaptações redacionais. Seguindo a técnica e útil classificação feita por *Glauco Gumerato Ramos*[59], as razões fundantes da impugnação prevista no artigo em comentário agrupam-se em três categorias. A primeira refere-se à "ausência de pressuposto de executividade", que não se confunde com os chamados "pressupostos processuais e condições da ação, porque o processo se encontra na fase de cumprimento da sentença", estando nela inseridas as hipóteses dos incisos I, II, IV e § 1º do citado artigo. A segunda categoria trata da "presença de vício de procedimento", abrangendo as situações previstas nos incisos III e V. A terceira e última diz respeito ao "impedimento à pretensão executiva" e alcança qualquer das causas previstas no inciso VI.

Adverte *Carreira Alvim*[60] que a relação de circunstâncias descritas no inciso VI do art. 475-L é "meramente exemplificativa", podendo abranger situações não previstas, tais como a recuperação judicial e a falência. Quanto ao § 1º do citado artigo, leciona que essa norma inspirou-se na doutrina de *Humberto Theodoro Júnior*, para quem a sentença acobertada pela autoridade da coisa julgada não tem vigor para se manter quando prolatada em desconformidade com a Lei Maior. Na sua ótica, essa questão demanda solução muito mais complexa, ressaltando a incerteza que pode ser gerada pela relativização da coisa julgada. Para ele, somente a ação rescisória é capaz de desconstituir a sentença de mérito transitada em julgado. Desse modo, opina pela duvidosa constitucionalidade do § 1º do art. 475-L, diante do que dispõe o art. 5º, XXXVI da Carta Magna.

---

(59) Impugnação ao cumprimento da sentença. In: NEVES, Daniel Amorim Assunção; RAMOS, Glauco Gumerato; FREIRE, Rodrigo da Cunha Lima. *Reforma do CPC*, p. 244-245.
(60) *Alterações do Código de Processo Civil*, p. 185-186.

O argumento de que a norma declarada inconstitucional já era incompatível com a Constituição na sua origem, e, portanto, desprovida de qualquer validade, consoante as formulações kelsenianas, não nos parece um caminho razoável no auxílio à interpretação do § 1º do art. 475-L, diante da dificuldade de se aceitar o direito apenas como validade.

Nery Junior e *Andrade Nery*[61], com os quais nos alinhamos, entendem que a eficácia retroativa da declaração de inconstitucionalidade da norma encontra limite na "coisa julgada". Assim, o título judicial fundado em lei ou ato normativo, declarados inconstitucionais pelo Supremo Tribunal Federal, perde a exigibilidade desde que seu trânsito em julgado seja posterior à decisão do STF. Lecionam os autores que[62]:

> A norma do CPC 475-L II e § 1º, autorizadora da oposição da impugnação ao cumprimento da sentença, só incidirá nos casos em que a declaração, pelo STF, de inconstitucionalidade de lei ou de ato normativo, federal ou estadual, contestado em face da CF, tiver a seguinte conformação: a) o acórdão do STF tiver transitado em julgado antes do trânsito em julgado da sentença que aparelha a execução; b) o acórdão do STF transitado em julgado tiver sido proferido em sede de controle abstrato, decisão essa cuja eficácia é "erga omnes"; c) o acórdão do STF, transitado em julgado, tiver sido prolatado em sede de controle concreto da constitucionalidade (v. g. RE ou ação de competência originária do STF que não seja a ADIn, ADC ou ADPF), e, enviado ao Senado Federal, a Câmara Alta tiver expedido resolução suspendendo a execução da lei ou ato normativo em todo o território nacional – CF 52 X. Neste caso, a resolução do Senado tem de ter sido expedida antes do trânsito em julgado da sentença que aparelha a execução; d) a alegação de inexigibilidade do título, com base na inconstitucionalidade declarada pelo STF, tiver sido deduzida por impugnação ao cumprimento da sentença, no prazo do CPC 475-J §1º (15 dias), ou em ação rescisória (CPC 485 V), no prazo do CPC 495 (dois anos).

O § 2º do art. 475-L eliminou a impugnação genérica, impondo, no caso de alegação de excesso de execução, a necessidade do impugnante apontar o valor que entende correto, sob pena da impugnação ser rejeitada liminarmente. Esta norma foi muito bem recebida pela doutrina e jurisprudência, não só pelo aspecto moralizador do comportamento das partes em juízo, mas também pelos benefícios que traz em termos de celeridade e eficiência, uma vez que o exequente poderá executar de imediato a parte incontroversa.

> Art. 475-M. A impugnação não terá efeito suspensivo, podendo o juiz atribuir-lhe tal efeito desde que relevantes seus fundamentos e o prosseguimento da execução seja manifestamente suscetível de causar ao executado grave dano de difícil ou incerta reparação.

---

(61) *Op. cit.*, p. 648-649
(62) *Op. cit.*, p. 649-650.

§ 1º. Ainda que atribuído efeito suspensivo à impugnação, é lícito ao exequente requerer o prosseguimento da execução, oferecendo e prestando caução suficiente e idônea, arbitrada pelo juiz e prestada nos próprios autos.

§ 2º. Deferido efeito suspensivo, a impugnação será instruída e decidida nos próprios autos e, caso contrário, em autos apartados.

§ 3º. A decisão que resolver a impugnação é recorrível mediante agravo de instrumento, salvo quando importar extinção da execução, caso em que caberá apelação.

Em consonância com o espírito da Lei n. 11.232/05, voltado à entrega rápida da prestação jurisdicional, o preceito em exame, ao contrário do que era previsto nos antigos embargos à execução, estabelece como regra a "não suspensividade" da impugnação ao cumprimento da sentença, que será processada em autos apartados, ou seja, mesmo que o executado impugne o cumprimento da sentença, os atos executórios prosseguirão normalmente.

A norma, contudo, admite exceções quando presentes cumulativamente os requisitos da "relevância dos fundamentos" e da "probabilidade de o prosseguimento da execução causar grave dano de difícil ou incerta reparação". Neste caso, caberá ao juiz atribuir efeito suspensivo à impugnação, que será processada nos próprios autos em que se realiza o cumprimento da sentença.

Por outro lado, o § 1º do art. 475-M admite a revogação do efeito suspensivo quando o exequente oferecer caução suficiente e idônea, cuja prestação se fará nos próprios autos do processo em que se realiza o cumprimento da sentença. Os atos executórios terão prosseguimento só depois que a caução tornar-se efetiva, de modo a tornar o risco de prejuízo ao executado totalmente acautelado.

O § 3º do art. 475-M dispõe sobre a recorribilidade da decisão que julga a impugnação, estabelecendo que o recurso a ser utilizado para atacar a decisão prolatada na impugnação atrela-se à análise da decisão proferida pelo juiz. Dessa forma, se a decisão que resolver a impugnação não extinguir o processo, caberá agravo de instrumento, no entanto, se importar na extinção, cabível será a apelação. A primeira hipótese representa a regra geral do preceito em exame.

O texto desse dispositivo exibe um certo descompasso em relação à nova redação do art. 162 do CPC, na medida em que considera decisão interlocutória o pronunciamento que contiver julgamento de mérito, mas não extinguir o processo, sendo que nesse caso o recurso será sempre o agravo por instrumento e não na forma retida, já que o processo não subirá ao Tribunal, constituindo exceção à regra geral do art. 522, *caput*, do CPC. Com isso, o legislador fortalece a ideia de que a impugnação não é ação, mas trata-se de mero incidente processual.

Art. 475-N. São títulos executivos judiciais:

I – a sentença proferida no processo civil que reconheça a existência de obrigação de fazer, não fazer, entregar coisa ou pagar quantia;

II – a sentença penal condenatória transitada em julgado;

III – a sentença homologatória de conciliação ou de transação, ainda que inclua matéria não posta em juízo;

IV – a sentença arbitral;

V – o acordo extrajudicial, de qualquer natureza, homologado judicialmente;

VI – a sentença estrangeira, homologada pelo Superior Tribunal de Justiça;

VII – o formal e a certidão de partilha, exclusivamente em relação ao inventariante, aos herdeiros e aos sucessores a título singular ou universal.

Parágrafo único. Nos casos dos incisos II, IV e VI, o mandado inicial (art. 475-J) incluirá a ordem de citação do devedor, no juízo cível, para liquidação ou execução, conforme o caso.

Em linhas gerais, o art. 475-N não trouxe modificações substanciais ao rol de títulos executivos arrolados no Código de Processo Civil.

O inciso I da norma em exame fala em "sentença proferida no processo civil que reconheça a existência de obrigação de fazer, não fazer, entregar coisa ou pagar quantia". Consoante relato de *Gusmão Carneiro*[63], essa expressão decorre de uma emenda feita pelo Senado, fundamentada na ideia de que as sentenças condenatórias teriam sido eliminadas na nova sistemática, o que para ele constituiu um grande engano, não só porque não se considerou os termos do art. 475-J, que expressamente refere-se ao "devedor 'condenado' ao pagamento", mas também em razão de que os fundamentos jurídicos, que concorrem para a classificação das sentenças em declaratórias, constitutivas e condenatórias, permaneceram íntegros, somente com alterações quanto à "carga de eficácia" (expressão criada por *Pontes de Miranda*). No entanto, considera que a modificação feita pelo Senado foi muito benéfica, pois "conferiu eficácia executiva também à sentença declaratória", o que já vinha sendo sustentado pela doutrina.

Por outro lado, são compatíveis com o regime de cumprimento da sentença apenas as hipóteses dos incisos I, III, V e VII. No caso da sentença penal condenatória, da sentença arbitral e da decisão homologatória de sentença estrangeira, previstas, respectivamente, nos incisos II, IV e VI, impõe-se a necessidade de instauração de processo de execução, já que esses títulos são frutos de uma relação jurídico-processual diversa, que não comportou uma nova fase executiva.

O disposto no inciso V do art. 475-N não traz novidade, uma vez que a possibilidade do juiz homologar um acordo extrajudicial de qualquer natureza já era prevista

---

(63) Do cumprimento da sentença, conforme a Lei n. 11.232/05 – Parcial retorno ao medievalismo? Por que não? In: ALVIM, Arruda; ARRUDA, Eduardo (coords.). *Atualidades do processo civil*, p. 110.

em sede dos Juizados Especiais Civis e Criminais, consoante a regra do art. 57 da Lei n. 9.099/95. Trata-se de medida voltada a facilitar a autocomposição.

Art. 475-O. A execução provisória da sentença far-se-á, no que couber, do mesmo modo que a definitiva, observadas as seguintes normas:

I – corre por iniciativa, conta e responsabilidade do exequente, que se obriga, se a sentença for reformada, a reparar os danos que o executado haja sofrido;

II – fica sem efeito, sobrevindo acórdão que modifique ou anule a sentença objeto da execução, restituindo-se as partes ao estado anterior e liquidados eventuais prejuízos nos mesmos autos, por arbitramento;

III – o levantamento de depósito em dinheiro e a prática de atos que importem alienação de propriedade ou dos quais possa resultar grave dano ao executado dependem de caução suficiente e idônea, arbitrada de plano pelo juiz e prestada nos próprios autos.

§1º. No caso do inciso II deste artigo, se a sentença provisória for modificada ou anulada apenas em parte, somente nesta ficará sem efeito a execução.

§2º. A caução a que se refere o inciso III do *caput* deste artigo poderá ser dispensada:

I – quando, nos casos de crédito de natureza alimentar ou decorrente de ato ilícito, até o limite de 60 (sessenta) vezes o valor do salário mínimo, o exequente demonstrar situação de necessidade;

II – nos casos de execução provisória em que penda agravo de instrumento junto ao Supremo Tribunal Federal ou ao Superior Tribunal de Justiça (art. 544), salvo quando da dispensa possa manifestamente resultar risco de grave dano, de difícil ou incerta reparação.

§3º. Ao requerer a execução provisória, o exequente instruirá a petição com cópias autenticadas das seguintes peças do processo, podendo o advogado valer-se do disposto na parte final do art. 544, § 1º.

I – sentença ou acórdão exequendo;

II – certidão de interposição do recurso não dotado de efeito suspensivo;

III – procurações outorgadas pelas partes;

IV – decisão de habilitação, se for o caso;

V – facultativamente, outras peças processuais que o exequente considere necessárias.

Como bem observa *Carreira Alvim*[64], mesmo se tratando de execução sincretizada, o art. 475-O continua a falar em "execução da sentença", embora o legislador reformista tenha pretendido substituí-la por "cumprimento da sentença".

---

(64) *Alterações do Código de Processo Civil*, p. 199.

Esta norma repete a maioria das disposições do revogado art. 588, que disciplinava a matéria. Cotejando-se os dois artigos, temos que o art. 475-O: a) acrescenta que a execução corre também "por iniciativa do exequente" (inciso I), o que para *Athos Gusmão Carneiro*[65] seria dispensável, uma vez que o art. 475-J já prevê que o credor deverá requerer o início da prática dos atos de execução; b) substitui a expressão "alienação de domínio" por "alienação de propriedade", essa mais consentânea com o vigente Código Civil (art. 1.231); e c) adiciona que a caução deve ser suficiente, além de idônea.

A dispensa de caução, embora se trate de medida excepcional, foi elastecida e tratada mais minuciosamente na nova sistemática da execução provisória. O § 2º do art. 475-O admite a dispensa de caução, exceto se puder ocasionar manifesto risco de grave dano, de difícil e incerta reparação, também para a hipótese de crédito "decorrente de ato ilícito", assim como quando pender agravo de instrumento junto ao STF ou STJ, o que, para *Gusmão Carneiro*[66], ajudará a inibir a utilização desse recurso apenas com o propósito de procrastinar o processo.

O § 3º do art. 475-O, ao dispor sobre os requisitos para a execução provisória, deixa clara a necessidade de requerimento do credor, embora o devedor também possa requerê-la. Por outro lado, como bem salientam *Nery Junior* e *Andrade Nery*[67], não há referência "nem à autuação da petição inicial (ex-CPC 590 I)", tampouco "à denominação do instrumento físico no qual se dará o 'iter' procedimental da referida execução, que nos revogados CPC 589 e 590 era a carta de sentença".

O legislador, na nova sistemática, dispensa a carta de sentença, bastando a exibição das peças processuais relacionadas nos incisos I a IV, que podem ser autenticadas pelo próprio advogado, o que revela simplificação e menos formalidade. Não se pode deslembrar, contudo, que sendo os autos principais remetidos ao juízo *ad quem* para julgamento do recurso recebido sem efeito suspensivo, a execução provisória deverá ser processada em autos apartados, o que de certa forma guarda semelhança com a extinta "carta de sentença".

Art. 475-P. O cumprimento da sentença efetuar-se-á perante:

I – os tribunais, nas causas de sua competência originária;

II – o juízo que processou a causa no primeiro grau de jurisdição;

III – o juízo cível competente, quando se tratar de sentença penal condenatória, de sentença arbitral ou de sentença estrangeira.

---

(65) *Op. cit.*, p. 112.
(66) *Op. cit.*, p. 113.
(67) *Código de Processo Civil comentado*, p. 659.

Parágrafo único. No caso do inciso II do *caput* deste artigo, o exequente poderá optar pelo juízo do local onde se encontram bens sujeitos à expropriação ou pelo do atual domicílio do executado, casos em que a remessa dos autos do processo será solicitada ao juízo de origem.

Em linhas gerais, a norma em exame reproduz as disposições do art. 575, que, para perplexidade da doutrina, não foi revogado pelo art. 9º da Lei n. 11.232/05, restando, naturalmente, esvaziado seu conteúdo. Todavia, o texto do art. 475-P revelou-se muito mais técnico; tome-se como exemplo a redação do inciso I, que não fala mais em "tribunais superiores", mas apenas "tribunais". Como por "tribunal" deve ser entendido um corpo de magistrados que julgam em conjunto em grau superior, explica *Araken de Assis*[68] que:

> (...) Através desse singelo expediente, atendeu à distribuição constitucional da competência originária dos Tribunais de segundo grau em matéria civil (Tribunais de Justiça e Tribunais Regionais Federais) e dos Tribunais Superiores em sentido estrito – o Supremo Tribunal Federal e o Superior Tribunal de Justiça – acolhendo o alvitre doutrinário de que a regra, redigida defeituosamente no regime anterior, se aplicava a quaisquer tribunais.

O inciso II do art. 475-P ratifica a regra geral de que o juízo que processou a causa em primeiro grau é o competente para o "cumprimento da sentença". Consoante destaca *Didier Jr.*[69], há um prolongamento da "eficácia da *perpetuatio jurisdictionis* do art. 87 do CPC", ou seja, estabiliza-se a jurisdição, alcançando até a fase de "cumprimento da sentença", haja vista o atual sistema de processo sincrético.

No regime instituído pela Lei n. 11.232/05, a competência é absoluta quando se tratar do cumprimento de acórdãos e decisões originariamente prolatadas pelos tribunais. Já na hipótese de sentença proferida no juízo de primeira instância, essa competência deixou de ser absoluta, como era no sistema antigo, para se tornar relativa. Isto porque o parágrafo único do art. 475-P possibilitou ao exequente eleger outros foros, podendo escolher "o juízo do local onde se encontram bens sujeitos à expropriação" ou o "atual domicílio do executado", revelando competência territorial concorrente, portanto, relativa. Assim sendo, há três foros concorrentemente competentes para cumprimento da sentença: foro da prolação da sentença, do lugar dos bens expropriáveis e do domicílio do executado.

Para *Araken de Assis*[70], o rompimento da competência funcional "do juízo da causa para processar a ulterior execução" foi a mais importante alteração ocorrida na sistemática da competência para o cumprimento da sentença.

Quanto ao cumprimento da sentença penal condenatória, de sentença arbitral ou de sentença estrangeira, serão processadas perante o "juízo cível

---
(68) *Cumprimento de sentença*, p. 180.
(69) Competência para a execução de título executivo judicial. In: BRUSCHI, Gilberto Gomes; SHIMURA, Sergio (coords.). *Execução civil e cumprimento da sentença*, v. 2, p. 211.
(70) *Cumprimento da sentença*, p. 181.

competente", aplicando-se as regras de competência comum previstas do Código de Processo Civil. No que se refere à sentença estrangeira, o "juízo cível" será sempre um juízo federal de primeiro grau (inciso X, art. 109 da CF/88).

> Art. 475-Q. Quando a indenização por ato ilícito incluir prestação de alimentos, o juiz, quanto a esta parte, poderá ordenar ao devedor constituição de capital, cuja renda assegure o pagamento do valor mensal da pensão.
>
> §1º. Este capital, representado por imóveis, títulos da dívida pública ou aplicações financeiras em banco oficial, será inalienável e impenhorável enquanto durar a obrigação do devedor.
>
> §2º. O juiz poderá substituir a constituição do capital pela inclusão do beneficiário da prestação em folha de pagamento de entidade de direito público ou de empresa de direito privado de notória capacidade econômica, ou, a requerimento do devedor, por fiança bancária ou garantia real, em valor a ser arbitrado de imediato pelo juiz.
>
> §3º. Se sobrevier modificação nas condições econômicas, poderá a parte requerer, conforme as circunstâncias, redução ou aumento da prestação.
>
> §4º. Os alimentos podem ser fixados tomando por base o salário mínimo.
>
> §5º. Cessada a obrigação de prestar alimentos, o juiz mandará liberar o capital, cessar o desconto em folha ou cancelar as garantias prestadas.

A matéria constante no dispositivo legal em exame era disciplinada pelo revogado art. 602. Trata-se da constituição de capital para garantir o pagamento de prestação alimentar resultante de indenização por ato ilícito.

Foram feitas algumas modificações redacionais no art. 475-Q. Substitui-se no *caput* da norma as expressões "cuja renda assegure o seu cabal cumprimento" por "cuja renda assegure o pagamento do valor mensal da pensão", e "condenará o devedor a constituir capital" por "poderá ordenar ao devedor constituição de capital". Tendo em vista não se tratar a constituição de capital propriamente de uma "condenação", mas de uma "determinação" do juiz ao devedor, a expressão "ordenar" revelou-se muito mais adequada. Por outro lado, a constituição de capital tornou-se facultativa.

O § 1º da norma acrescentou as aplicações financeiras, na constituição de capital, que passaram a figurar junto aos imóveis e aos títulos da dívida pública.

O revogado art. 602 dispunha que a constituição de capital poderia ser substituída pela caução fidejussória, possibilidade raramente ocorrida. O § 2º do art. 475-O, denotando melhor eficácia, elasteceu a possibilidade de substituição da constituição de capital ao dispor que essa troca poderá ser feita mediante a "inclusão do beneficiário da prestação em folha de pagamento de entidade de direito público ou de empresa de direito privado".

O § 3º apresenta apenas modificações redacionais, mantendo a regra do § 3º do revogado artigo 602.

A inovação cinge-se ao § 4º, que deixa claro que os alimentos podem ser fixados com base no salário mínimo, afastando qualquer dúvida a esse respeito. Isto porque precedentes jurisprudências não admitiam tal indexação por ofensa ao art. 7º, IV, da CF. Em lição cristalina, *Nery Junior* e *Andrade Nery*[71] explicam que:

> Interpretada conforme a CF, a norma quer significar que os alimentos buscam atender as mesmas necessidades para cuja finalidade o salário mínimo existe (padrões mínimos de subsistência, com dignidade, para alimentação, vestuário, moradia, lazer etc), de modo que a providência de vincular a fixação dos alimentos a esse índice não acarreta o perigo indicado pelo STF, quando do julgamento da ADIn 1425. A norma, portanto, é constitucional.

O § 5º, com nova redação, repete o que dispunha o § 4º do revogado art. 602.

> Art. 475-R. Aplicam-se subsidiariamente ao cumprimento da sentença, no que couber, as normas que regem o processo de execução de título extrajudicial.

A nova sistemática implementada pela Lei n. 11.232/05 objetivou simplificar a execução de título judicial; com isso sintetizaram as regras reguladoras do cumprimento de sentença, daí a autorização para o preenchimento das lacunas com dispositivos que regem a execução de título extrajudicial. Ressalte-se que, ao usar a expressão "no que couber", o legislador *ad cautelam* obsta a aplicabilidade de norma incompatível.

---

[71] *Código de Processo Civil comentado*, p. 663.

4. O processo de execução por título judicial na vigência da Lei n. 11.232/05 e as modificações implementadas pela Lei n. 11.382/06

4.1. Execução contra a Fazenda Pública

4.1.1. Generalidades

Com o advento da Lei n. 11.232/05, o processo de execução aparelhado por título judicial sobreviveu apenas em relação à Fazenda Pública, isto é, quando a execução for proposta contra a Fazenda, já que a execução requerida pela pessoa jurídica de direito público deve seguir o rito previsto pela Lei n. 6.830/80 (LEF).

O campo de incidência do art. 475-I do CPC não alcança a execução promovida contra a Fazenda Pública, razão pela qual o meio de defesa do executado continua a ser os embargos, não havendo lugar para o instrumento da impugnação previsto no art. 475-L do CPC.

A Lei n. 11.232/05 alterou a denominação do Capítulo II do Título II do Livro II do CPC, de "DOS EMBARGOS À EXECUÇÃO FUNDADA EM SENTENÇA" para "DOS EMBARGOS CONTRA A FAZENDA PÚBLICA", dando nova redação ao art. 741 do CPC. O texto revogado do *caput* deste dispositivo continha o seguinte teor: "Art. 741. Na execução fundada em título judicial, os embargos poderão versar sobre:". No texto atual, referido *caput* tem a seguinte redação: "Art. 741. Na execução contra a Fazenda Pública, os embargos só poderão versar sobre:".

A nova versão do art. 741 do CPC tem sido bastante criticada pela falta de clareza de seu texto. A interpretação literal desse dispositivo pode conduzir à falsa ideia de que os embargos só poderão versar sobre as matérias nele elencadas, independentemente de tratar-se de execução por título judicial ou título extrajudicial, o qual também enseja execução contra a Fazenda Pública, consoante os termos da Súmula n. 279 do STJ.

Como se sabe, o âmbito de defesa do devedor na execução embasada por título judicial é muito mais restrito do que na execução aparelhada por título extrajudicial, cujo campo de defesa apresenta maior elasticidade, conforme se depreende do novo texto do art. 745 do CPC. Por outro lado, a redação lacunosa do art. 741 pode ainda levar o intérprete menos avisado a concluir que a mudança legislativa eliminou a execução por título extrajudicial contra a Fazenda Pública, o que não é verdadeiro. Por esses motivos, sustenta-se que o legislador reformista teria agido melhor se mantivesse na redação do art. 741 do CPC a expressão "título judicial".

A influência da Lei n. 11.232/05, no que se refere à execução promovida contra a Fazenda Pública, concentra-se também na nova redação dada ao parágrafo único do art. 741 do CPC, o qual prevê a inexigibilidade do título judicial transitado em julgado, quando este encontrar-se embasado em lei ou ato normativo declarados inconstitucionais pelo Supremo Tribunal Federal, ou fundamentado em aplicação ou interpretação da lei ou ato normativo tidas pelos STF como incompatíveis com a Constituição Federal.

A execução contra a Fazenda Pública tem rito próprio previsto nos arts. 730 e 731 do CPC, que guardam conformidade com a norma constitucional do art. 100 da CF/88. A Fazenda Pública deve necessariamente ser citada, não, porém, para pagar a dívida ou cumprir o julgado, mas para opor embargos à execução por quantia certa contra ela movida, uma vez que os bens públicos são inalienáveis, não se submetendo à penhora.

A teor do que dispõe o art. 730 do CPC, a citação da Fazenda Pública para opor embargos à execução é imprescindível, tornando inválida a expedição de ofício requisitório sem prévia citação da pessoa jurídica de direito público para se defender.

4.1.2. Execução provisória contra a Fazenda Pública

Quanto à possibilidade de execução provisória contra a Fazenda Pública, não há qualquer dispositivo legal regulamentando-a. Como o sistema da execução provisória constitui exceção à regra, o ideal é que não seja aplicado extensivamente.

Não se pode deslembrar que o risco de não ser alcançada a tutela jurisdicional com a entrega do bem da vida é rarefeito quando a Fazenda Pública figura como devedora, uma vez que o ente público, regra geral, é, por natureza, solvente, e o pagamento de suas dívidas judiciais se dá por meio de precatório. Há garantias constitucionais assegurando o cumprimento do ofício requisitório.

Dessa maneira, parece claro que a execução provisória perde suas principais finalidades quando promovida contra a Fazenda Pública, além do que, doutrina e jurisprudência preconizam que a indisponibilidade de recursos orçamentários, nessa situação, traz prejuízo à coletividade, pois o Estado, sendo onerado em quantia que ainda penda de certeza de sua exigibilidade, deixa de utilizá-la em empreendimentos de interesse público. Ressalte-se, também, que a expedição de precatório em execução provisória cria o paradoxo de que o depósito a ser feito nesses autos antecede o pagamento de débitos fixados em sentenças transitadas em julgado.

Conforme observa *Araken de Assis*[1], o obstáculo à execução provisória contra a Fazenda Pública intensificou-se com a edição da EC n. 30, de 13.09.2000, na medida em que o § 1º do art. 100 da CF/88 exigiu a inclusão de verba necessária no orçamento das pessoas de direito público para quitação de seus débitos decorrentes de "sentenças transitadas em julgado", e a parte final do § 3º do mesmo dispositivo volta a mencionar "sentença judicial transitada em julgado". Por essas razões, entende que "a expedição da requisição de pagamento se subordina ao trânsito em julgado".

Acreditamos, igualmente, que a expedição de precatório pressupõe a existência de sentença condenatória passada em julgado, assim, a execução contra a Fazenda Pública é sempre definitiva.

4.1.3. Movimento de reforma da execução contra a Fazenda Pública

Finalmente, é importante destacar que o processo de execução contra a Fazenda Pública poderá ser modificado, pois a Câmara dos Deputados analisa o Projeto de Lei n. 4354/08[2], da Comissão de Legislação Participativa, o qual proíbe a "Fazenda Pública de propor ação contra sentença que a condenar ao pagamento de quantia certa. Eventuais irregularidades da decisão terão que ser discutidas no mesmo processo". Trata-se, a toda evidência, de medida tendente a minimizar diferenças e agilizar a execução contra a Fazenda Pública, pretendendo acompanhar as alterações empreendidas pelas Leis n. 11.232/05 e n. 11.382/06.

Dispõe o projeto que se a dívida for de até 60 (sessenta) salários mínimos e decorrer de condenação definitiva na Justiça, a Fazenda Pública terá 30 (trinta) dias para discutir a sentença perante o próprio juiz que a proferiu ou pagar o débito. Se não fizer uma coisa nem outra, o juiz emitirá uma ordem de pagamento do valor acrescido de 10%. De outro modo, se o valor devido for superior a 60 (sessenta) salários mínimos, a Fazenda Pública terá 30 (trinta) dias para realizar o pagamento. Se não o fizer, o juiz determinará que o presidente do tribunal a que está vinculado emita precatório, e a dívida será transcrita no orçamento da Fazenda Pública devedora.

Dívidas originadas por título extrajudicial no valor de até 60 (sessenta) salários mínimos possibilitarão à Fazenda Pública, no prazo de 30 (trinta) dias, quitá-las ou apresentar ação de embargos. Para valores superiores, há apenas a opção de apresentar embargos, e, caso não o faça, poderá o juiz solicitar ao presidente do tribunal para promover o recebimento da quantia devida por meio de precatório.

O projeto prevê, ainda, que os embargos propostos pela União terão efeito suspensivo.

---

(1) *Cumprimento da sentença*, p. 147.
(2) Referido projeto está alicerçado em sugestão do Conselho de Defesa Social de Estrela do Sul – Condesul, e será analisado pelas comissões de Trabalho, de Administração e Serviço Público; de Finanças e Tributação; e de Constituição e Justiça e de Cidadania, antes de seguir para o plenário da Câmara dos Deputados.

4.2. Modificações implementadas pela Lei n. 11.382/06 na execução fundada em título executivo extrajudicial

Em continuidade à reforma da legislação processual civil, foi editada a Lei n. 11.382, de 6 de dezembro de 2006, que alterou a sistemática do processo de execução, que, a rigor, ficou destinado à execução de títulos executivos extrajudiciais. Foram alteradas as redações de vários artigos e outros foram sub-rogados; em consequência, houve a necessidade de reestruturar capítulos, seções e subseções do CPC.

Reitera-se neste diploma legislativo a ideia edificadora da citada reforma, ou seja, prioriza-se o fator "celeridade" como forma de conferir o máximo de efetividade à entrega da prestação jurisdicional. Vale observar que na fase de projeto a Lei n. 11.382/06 estava ideologicamente jungida à Lei n. 11.232/05, que, entretanto, acabou sendo promulgada isoladamente, provocando uma desarmonia com as regras que até então compunham o CPC, doravante substituídas pelas modificações inseridas pela Lei n. 11.382/06, corrigindo-se, assim, a dissonância.

As Leis n. 11.232/05 e n. 11.382/06 foram vistas pela doutrina como finalizadoras de um ciclo metodológico para a execução de sentenças iniciado em 1994, com as obrigações de fazer e não fazer, incluindo as obrigações de dar em 2002, e, finalmente, alcançando as obrigações de pagar, certamente, as relações obrigacionais que constituem a imensa maioria.

A exemplo da Lei n. 11.232/05, as alterações legislativas introduzidas pela Lei n. 11.382/06 tiveram por escopo dar efetividade à tutela do crédito, ajustando-se ao teor do novo inciso LXXVIII do art. 5º da Constituição Federal. Por força das alterações promovidas por esses dois diplomas legislativos, os procedimentos passaram a ter algumas diferenças, conforme se fundamentam em título executivo judicial ou extrajudicial, sobretudo no que se refere à forma de defesa do devedor (impugnação ou embargos). Contudo, a partir de uma determinada fase procedimental (alienação dos bens penhorados e sucessão de atos executivos destinados à realização do direito) seguem idêntico rito.

Em vista de nosso estudo direcionar-se precipuamente às repercussões do instituto do cumprimento da sentença no processo de execução trabalhista, destacaremos a seguir tão somente algumas modificações empreendidas pela Lei n. 11.382/06, no que se refere ao processo de execução, as quais entendemos de maior repercussão.

Assim sendo, inicialmente, releva considerar a nova regra insculpida no *caput* do art. 615-A do CPC, que possibilita a averbação da execução, desde a distribuição da ação, nos respectivos registros públicos de imóveis, de veículos ou de outros registros correspondentes a outros bens sujeitos à penhora ou arresto. Trata-se de medida disposta a facilitar a apreensão de bens, obstaculizando controvérsias com terceiros de boa-fé. O ato de averbação não impossibilita a transferência de domínio, apenas faz supor a fraude, consoante o § 3º do mesmo dispositivo processual. Como não há prazo estipulado para efetuar a averbação, tem-se entendido que ela pode ser feita enquanto não for registrada a penhora pelo mesmo exequente. A amplitude da medida contida no *caput* da norma é temperada pelo disposto no § 4º, o qual dispõe sobre a responsabilidade do exequente na hipótese de abuso.

O art. 647 sofreu modificações em seus incisos, autorizando expressamente o exequente ou as pessoas relacionadas no § 2º do art. 685-A a adjudicar em seu favor o bem constrito. Criou-se, também, autorização para que a alienação do bem penhorado ocorra por iniciativa particular, além de prever a alienação em hasta pública como modalidade para garantir a satisfação do crédito. A impressão que se tem é que as alterações implementadas por essa norma foram mais de forma do que de conteúdo.

Foram alteradas as redações dos incisos II a X, do art. 649, assim como foram incluídos os §§§ 1º, 2º e 3º, este último objeto de veto presidencial, o que provocou um lapso redacional no inciso IV. O destaque modificativo desse dispositivo legal é atribuído ao inciso X, que criou nova hipótese de impenhorabilidade, consubstanciada nas aplicações de até 40 salários mínimos em caderneta de poupança. A maior parte da doutrina não viu sentido em gravar esse crédito com a impenhorabilidade, pois o depósito em poupança é sobra e não salário, não há nele qualquer natureza alimentar, demais disso, não existe razoabilidade em conferir ao devedor o direito de não pagar seus credores para permanecer com seus investimentos financeiros intactos.

A nova redação do art. 652 rompeu com a prática secular de o devedor, uma vez citado, pagar ou indicar bens à penhora em 24 horas. Esse prazo, agora, é de três dias apenas para o pagamento, pois a penhora será realizada automaticamente pelo oficial de justiça, após esgotado o tempo determinado para o pagamento. Também deixa de ser absoluta a prerrogativa do devedor nomear bens à penhora, transferindo-se ao exequente a possibilidade de apontar, já na petição inicial, bens do devedor passíveis de penhora, consoante a regra do § 2º do art. 652, que eliminou a faculdade conferida ao devedor, anteriormente prevista no art. 655.

Com o escopo de incentivar o executado a quitar espontaneamente seu débito, foi incluído o art. 652-A, o qual prevê a fixação de honorários advocatícios *ab initio*, e sua redução pela metade na hipótese de cumprimento da dívida no prazo de três dias. A diminuição dos honorários advocatícios tem sido objeto de severas críticas doutrinárias. Para *Francisco Antonio de Oliveira*[3], diante do credor e do devedor, a posição do advogado é de *res inter alios*, por essa razão a redução

---

(3) Comentário à Lei n. 11.382/06 – Fatores positivos e negativos – Reflexos positivos na eficácia da sentença condenatória – Subsídios para a execução trabalhista. *Revista LTr*, São Paulo, v. 71, n. 3, mar. 2007.

dos honorários advocatícios viola o "patrimônio de terceiro". Para ele, melhor seria substituir-se a restrição desses honorários pela "dispensa das custas processuais", como uma contribuição justa do Estado, que se beneficia com a celeridade.

A atual redação do art. 655 traz em seu bojo algumas novidades relevantes. Primeiramente, a ordem de preferência foi atualizada observando-se a liquidez decrescente dos bens, ou seja, aqueles de mais fácil alienação precedem os de mercado mais restrito; em segundo lugar, a penhorabilidade de cotas sociais e ações (item VI) é expressa formalmente, assim como se inclui no rol "percentual do faturamento de empresa devedora" (item VII), cuja indicação fica a cargo do juiz da execução.

Objetivando tipificar mecanismo ágil e eficaz para a penhora de bens do executado, foi incorporado o art. 655-A, o qual prescreve que o magistrado, a pedido do exequente, requisitará à autoridade supervisora do sistema bancário informações sobre a existência de ativos em nome do executado, permitindo-se no mesmo ato determinar a indisponibilidade de numerário equivalente ao valor executado. Não se pode dizer que trata-se exatamente da chamada penhora *on--line*, na qual o juiz, por meio de senha própria fornecida pelo sistema Bacen-Jud, averigua a existência de numerário e o torna indisponível. Nos termos do artigo em comento, o juiz fica na dependência de informações bancárias, o que poderá atenuar ou mesmo neutralizar a possibilidade de penhora.

A nova redação dada ao art. 656 estabelece rol de condições para a substituição do bem penhorado. O § 1º institui como dever do executado (sob os rigores do art. 600) apontar, no prazo determinado pelo juiz, o local onde se encontram os bens sujeitos à penhora, assim como determina que o executado abstenha-se de qualquer atitude que possa comprometer a efetivação da penhora. O § 2º prevê a possibilidade do bem penhorado ser substituído por fiança bancária ou por seguro garantia judicial, exigindo a nova regra que tais instrumentos garantam a totalidade da dívida executada, acrescida de 30% (trinta por cento).

Com o intuito de simplificar a alienação judicial dos bens apreendidos, o novo texto do § 2º do art. 687 permite a divulgação eletrônica da licitação, e o § 5º, também com nova redação, prevê a ciência da alienação judicial pelo executado por simples intimação de seu advogado, desaparecendo a exigência de intimação pessoal.

Nos termos da atual redação do art. 736, a apresentação de defesa pelo executado, realizada por meio de embargos do devedor, prescinde da efetivação da penhora. O prazo para apresentação dos embargos do devedor passa a ser de 15 (quinze) dias, não tendo mais efeito suspensivo, consoante a norma do art. 739-A, exceto quando o prosseguimento da execução for passível de causar ao executado grave dano de difícil ou incerta reparação, e desde que seguro o juízo. Contudo, a decisão que acolher os embargos do devedor com efeito suspensivo poderá ser modificada a qualquer tempo, por meio de nova decisão fundamentada (art. 739, § 2º), retornando, nesse caso, o efeito devolutivo e dispensada a garantia.

Por fim, foi incluído o art. 745-A, que dispõe sobre a moratória judicial, a qual tem como pressuposto básico para sua obtenção o reconhecimento da dívida pelo executado, o que implica a renúncia do direito de opor embargos à execução. Dessa forma, independentemente de penhora, o executado, comprovando o depósito de 30% (trinta por cento) do valor em execução, incluindo-se custas e honorários advocatícios, poderá pleitear o pagamento do valor remanescente em até 6 (seis) parcelas mensais, acrescidas de correção monetária e juros de 1% (um por cento) ao mês. A norma tem sido alvo de censuras por retirar da disposição do exequente seu direito subjetivo de receber integralmente o crédito, razão pela qual argumenta-se que o dispositivo requer uma interpretação adequada à realidade social para que não se perca a aplicação da lei. O ideal interpretativo parece repousar na ideia de que o parcelamento do débito não é um direito do executado, mas, antes, uma possibilidade atrelada à aceitação do exequente.

Em linhas gerais, as alterações ocorridas no processo civil examinadas neste capítulo e no anterior, num primeiro momento, parecem ter implementado uma inovação revolucionária, o que nos leva a perquirir se a execução trabalhista, com tais mudanças, tornou-se anacrônica, e em que medida, e, ainda, como se impõe a necessidade de importar para o processo do trabalho toda essa renovação. É o que a seguir examinaremos.

5. Reflexos do novo perfil da execução civil na execução trabalhista

5.1. O descompasso entre a nova ideologia da execução civil e a execução trabalhista

Promulgada a Lei n. 11.232/05, muitos juslaboralistas não tardaram a afirmar que a execução civil estava infinitamente mais avançada do que a execução trabalhista. Questões como a necessidade de citação, ainda mais por oficial de justiça, para dar início à execução, e a possibilidade de o devedor nomear bens à penhora e opor embargos à execução, providos de efeito suspensivo, presentes na execução trabalhista, constituem para esses doutrinadores os principais pontos de desatualização.

No que se refere à necessidade de citação, o art. 880 da CLT manda que o devedor seja citado para pagar ou garantir a execução sob pena de penhora. Nesse ponto, explica *Manoel Antonio Teixeira Filho*[1] que:

> No processo do trabalho, a cientificação do devedor, que se realiza por intermédio do mandado em exame, não representa, como no processo civil, ato constitutivo da relação jurídica executiva, porquanto – é importante reiterar – a execução corresponde apenas a um capítulo do processo cognitivo, a sua expressão constritiva, por assim dizer; logo, ela faz parte de uma relação jurídica iniciada, muito antes, com a citação do réu, ocorrida no processo de conhecimento.

O que está *Teixeira Filho* a dizer é que, além de não inaugurar nova relação jurídica, a finalidade do ato citatório na execução trabalhista não encontra paridade com a que se realiza no processo cognitivo. Neste, visa-se dar ciência ao réu da ação ajuizada e abrir-lhe a oportunidade de defesa; a citação na execução não tem por escopo possibilitar a defesa do devedor, mas determinar que cumpra a obrigação no prazo da lei ou garanta a execução sob pena de penhora.

Argumentar-se-ia que o instituto da citação não pode comportar outro conceito que não seja o que dispõe o art. 213 do CPC, segundo o qual o ato citatório é aquele "pelo qual se chama a juízo o réu ou o interessado, a fim de se defender", porém, no âmbito da execução trabalhista, não é o que ocorre.

---

(1) *Execução no processo do trabalho*, p. 430.

Dessa forma, a conclusão a que se chega é que o ato judicial previsto no art. 880 da CLT não se encaixa no conceito de citação. Por outro lado, a exigência de que o ato seja praticado por oficial de justiça e na pessoa de seu representante legal desarmoniza-se com a dinâmica mesmo do processo de conhecimento, que para seu início contenta-se com citação impessoal e por via postal.

Ressalte-se, ainda, que o art. 878 da CLT possibilita que a execução seja iniciada por impulso judicial *ex officio,* revelando-se uma das mais proeminentes particularidades do processo do trabalho, e, como bem acentua *Teixeira Filho*[2], não se trata de norma meramente programática, dada a frequência com que se concretiza na realidade fática.

Por tudo isso, quer nos parecer que a previsão de citação na execução trabalhista não seria suficiente para destruir a ideia de um modelo processual também sincrético, aliás muito mais consentâneo com uma das principais diretrizes do processo trabalhista, que é o princípio da oralidade. O processo do trabalho, desde a sua origem, primou pela efetividade, adotando procedimento simples, oral e concentrado, a ponto de não se exigir provocação da parte para o início dos atos de execução trabalhista. Assim, também neste aspecto, não haveria grandes disparidades entre os sistemas da execução civil reformada e a trabalhista.

Já o art. 882 da CLT permite ao executado nomear bens à penhora. O § 3º do art. 475-J concede ao exequente a possibilidade de indicar os bens que devem ser penhorados. A Lei n. 11.382/06, que na fase de projeto estava ligada à Lei n. 11.232/05, mas que acabou sendo promulgada posteriormente, eliminou a tradicional concessão que se fazia ao executado quanto ao direito de indicação dos bens a serem penhorados, transferindo-se ao exequente a indicação dos bens, que poderá não observar a ordem legal.

Não há dúvida de que, nesse ponto, o processo do trabalho mantém-se mais brando no tratamento do devedor, justamente onde deveria ser o inverso, uma vez que empregado e empregador não se encontram em situação de igualdade, seja dentro ou fora do processo.

Porém, se a sistemática processual trabalhista claudica neste aspecto, os magistrados trabalhistas foram os precursores a contar com um dos mais inusitados e destemidos institutos criados a proporcionar efetividade ao processo de execução, que é o denominado "Sistema Penhora *On-line*". Trata-se de um convênio celebrado entre o Tribunal Superior do Trabalho e o Banco Central do Brasil que permite ao juiz determinar o bloqueio *on-line* de contas bancárias e/ou aplicações financeiras para garantir o pagamento de créditos trabalhistas em fase de execução.

O primeiro Provimento regulando o uso desse sistema foi o n. 1/2003, publicado em julho de 2003, no *Diário Oficial da União*. Como todo instituto vanguardista,

---
(2) *Execução no processo do trabalho*, p. 140.

sua utilização inicial foi cercada de extrema cautela, mesmo assim surgiram alguns problemas, especialmente com os bloqueios cumulativos decorrentes de ordens que eram distribuídas de forma indiscriminada a várias instituições financeiras no País, e com a interferência de agentes das instituições financeiras. Felizmente esses equívocos foram corrigidos e a timidez inicial de uso do sistema cedeu espaço à sua larga utilização.

Posteriormente, com o escopo de aperfeiçoar o sistema, a Corregedoria Geral da Justiça do Trabalho implantou nova versão que operacionaliza o "Sistema Bacen-Jud", por meio do Provimento n. 6/2005, de 28 de outubro de 2005, cujo artigo 1º dispõe, *in verbis:*

> Art. 1º. Tratando-se de execução definitiva, se o executado não proceder ao pagamento da quantia devida nem garantir a execução, conforme dispõe o art. 880, da CLT, o juiz poderá, de ofício ou a requerimento da parte, emitir ordem judicial de bloqueio via Sistema Bacen Jud, com precedência sobre outras modalidades de constrição judicial.

Não se pode deslembrar que o sistema do bloqueio *on-line* implantou-se cercado de resistências, porém os argumentos contrários não se sustentaram por muito tempo, desfazendo-se em curto período. Destaque-se que tal sistema nada altera em termos de procedimento. O juiz só pode requerer o bloqueio após cumprido o *iter* procedimental contido nos arts. 879 a 884 da CLT, ou seja, após liquidada a sentença e citado o executado para cumprir a obrigação, ou garantir a execução, ou indicar bens à penhora.

Segundo a regra do art. 883 da CLT, somente diante da inércia do executado é que serão penhorados bens para pagamento da importância da condenação, com os acréscimos legais, e é exatamente neste momento que é cabível o bloqueio de contas bancárias, inclusive na hipótese de o executado ter indicado bem à penhora, mas situado à margem da ordem de preferência prevista no art. 655 do CPC, quando, então, o exequente poderá requerer a substituição pela penhora em dinheiro, precedida do bloqueio bancário. Esta é a lição de *Marly A. Cardone*[3], que ainda argumenta:

> Justo nem legal, é que o executado tendo dinheiro em banco, indique para a penhora qualquer bem, geralmente o de mais difícil venda, dificultando a percepção do valor da condenação pelo vencedor, violando todos os deveres consignados nos arts. 14 e 16 do CPC.

Portanto, muito antes da edição da Lei n. 11.232/2005, que revolucionou a execução civil, o processo de execução trabalhista já dispunha de excepcional e renovador instrumento capaz de conferir efetividade à execução e dar uma resposta constitucional à sociedade brasileira, já que se trata de uma execução com

---
(3) Penhora *on-line* – Penhora de estabelecimento do executado. *Revista LTr*, São Paulo, v. 69, n. 2, p. 175-176, fev. 2005.

fortes contornos sociais. O processo civil só atentou oficialmente para o sistema da penhora *on-line* com a edição da Lei n. 11.382/06, que incluiu o art. 655-A no CPC; seu texto, contudo, não é dotado do mesmo arrojo que se viu nas modificações empreendidas pela Lei n. 11.232/05. O citado artigo cuida muito mais de "uma consulta *on-line*" do que o "bloqueio" ou efetivamente a "penhora *on-line*".

Por outro lado, embora não constitua uma particularidade do processo laboral, posto que o processo civil igualmente a adota, a desconsideração da personalidade jurídica do executado, na Justiça Laboral, se dá de forma muito mais arrojada.

A aplicação desse instituto pelos juízes trabalhistas, inicialmente, fundamentava-se no art. 10, do Decreto n. 3.708, 10 de janeiro 1919, que dispunha sobre a responsabilidade dos sócios-gerentes pelas obrigações contraídas em nome da sociedade. Também o art. 158 da lei n. 6.404/76 foi utilizado para ensejar a aplicação da teoria da *disregard of Corporate entity*, assim como o art. 2º, § 2º, da CLT lhe servia de arrimo. Com o advento do Código de Defesa do Consumidor, por meio da Lei n. 8.078/90, cujo § 5º do art. 28 permite a desconsideração da personalidade jurídica sempre que sua personalidade constituir empecilho ao ressarcimento dos prejuízos originados ao consumidor, a jurisprudência trabalhista passou a adotá-lo como fundamento normativo.

Hodiernamente, a utilização desse poderoso instituto na seara trabalhista, por entendimento majoritário da doutrina e jurisprudência, não fica sujeita à existência de fraude, ato ilícito dos sócios ou abuso de poder, sendo suficiente o inadimplemento da obrigação trabalhista e a inexistência de patrimônio da sociedade empregadora para arcar com a execução[4].

Para *Eduardo Melléo Bacarat*[5], doutrina e jurisprudência assentam-se em três pilares para fundamentar a desconsideração da personalidade jurídica, quais

---

(4) Nesse sentido: "BEM DO SÓCIO. PENHORABILIDADE. DESCONSIDERAÇÃO DA PERSONALIDADE JURÍDICA SOCIETÁRIA. O inconformismo do agravante contra a penhora de bem que compõe seu patrimônio particular não subsiste, pois a moderna doutrina admite a responsabilização do sócio pela aplicação da teoria do disregard of legal entity (sic). O art. 769 da CLT confere subsídio à aplicação da despersonalização a partir da Lei n. 8.078/90 em sede trabalhista. A doutrina da despersonalização da pessoa jurídica está ligada ao fato objetivamente considerado de a sociedade possuir meios, ou não, de solver o débito. Sempre que a executada não dispuser de recursos, será desconsiderada a sua personalidade jurídica, enquanto obstáculo ao ressarcimento de prejuízos causados aos consumidores, na forma do parágrafo 5º do art. 28 da Lei n. 8.078/90, para que o patrimônio do sócio passe a responder pelo débito". TRT 2ª. Reg. Agravo de Petição em Embargos de Terceiros. 00286-2007-313-02-00-8, 4ª; T., j. 06/05/2008, publicado em: 16 maio 2008, Rel. Juiz Paulo Augusto Camara. Disponível em: <http://www.trt02.gov.br> Acesso em: 24 out. 2008.
"PENHORA DE BENS DE SÓCIOS. Revelado no processo de execução que a empresa não possui patrimônio com o qual possa honrar seus débitos trabalhistas, é possível aplicar-se a teoria da desconsideração da personalidade jurídica, penhorando-se bens de seus sócios, ainda que na condição de sócio minoritário, sob pena de imputar ao empregado os riscos do empreendimento. TRT 12ª. Reg. Ag. Pet. N. 02540-2003-032-12-00-9, 2ª. T., publicado no TRTSC/DOE em 11-09-2008. Rel. Juíza Lourdes Dreyer. Disponível em: <http://wwwtrt12.jus.br> Acesso em: 24 out. 2008.
(5) Desconsideração da personalidade jurídica da sociedade limitada no processo do trabalho – Interpretação à luz do princípio da dignidade da pessoa humana. *Revista LTr*, São Paulo, v. 72, n. 05, p. 583, maio 2008.

sejam: em primeiro lugar, o superprivilégio do crédito trabalhista, dada sua natureza alimentar; em segundo lugar, a despersonalização do empregador, em decorrência do sentido dado pelos arts. 2º, 10 e 448 da CLT à "expressão empresa"; e por último o princípio protetor que orienta o Direito do Trabalho, mormente porque quem corre o risco do empreendimento é o empregador e não o empregado.

Após ressaltar que na atualidade dois sistemas fundamentam a desconsideração da personalidade jurídica, um referente às relações de consumo, consoante a regra do art. 28 do CDC, e, o outro, relativo a todas as demais relações obrigacionais, disposto no art. 50 do CCB/2002, *Melléo Bacart*[6] chama atenção para o fato de que por força do art. 8º da CLT a normatividade subsidiária deveria recair na regra estampada no Código Civil, contudo, as limitações impostas por esta regra (desvio de finalidade e confusão patrimonial) não atenderiam ao princípio constitucional da dignidade da pessoa humana, que deve nortear a satisfação dos direitos dos trabalhadores, daí que a aplicação adequada só pode ser a do § 5º do art. 28 do CDC.

No que se refere aos efeitos dos embargos do devedor, a Consolidação limitou-se a tratar a matéria no âmbito do artigo 884, sem, contudo, cuidar expressamente de seus efeitos. Nesse ponto, calha lembrar as lições de *Genaro Carrió*[7], para quem é impossível pensar o direito como um sistema fechado, com linguagem própria, sem obscuridades, dotado de plenitude hermenêutica ou finalidade lógica, como idealizado pelos positivistas. O direito tem lacunas, é um sistema aberto, cujas indeterminações se manifestam na ambiguidade e vagueza das palavras e na forma como são expressas no processo de comunicação.

Segundo *Carrió*, todas as palavras da lei são potencialmente vagas, e tal vaguidade deságua na necessidade perene de redefinição do conteúdo das palavras da lei e de sua interpretação. Para ele, é insuficiente a existência de normas jurídicas, uma vez que essas normas não determinam toda a conduta, pois apresentam uma textura aberta ou uma zona de penumbra. Pode-se entender, com isso, que muitas coisas devem ser deixadas para serem desenvolvidas caso a caso pelos tribunais.

Voltando-se à questão da suspensividade ou não dos embargos do devedor na execução trabalhista, o sistema processual trabalhista é lacunoso nesta matéria, tampouco a Lei n. 6.830/80, norma de aplicação subsidiária primária à execução trabalhista, cuida do tema. Nessa conformidade, doutrina[8] e jurisprudência, majoritariamente, sustentavam que suspensivos deveriam ser os efeitos dos embargos do devedor, sobretudo após a Lei n. 8.953/94 inserir o § 1º no art. 739 do CPC, confirmando a regra da suspensividade. Ocorre que o § 1º do art. 739 do CPC foi revogado pela Lei n. 11.382/06, a qual incluiu o art. 739-A para dispor que "os embargos do executado não terão efeito suspensivo".

---
(6) *Op. cit.*, p. 578-579.
(7) *Notas sobre derecho y lenguage*, p. 141.
(8) Nesse sentido: NASCIMENTO, Amauri Mascaro. Curso de direito processual do trabalho, p. 573; TEIXEIRA FILHO, Manoel Antonio. Execução no processo do trabalho, p. 307.

Por outro lado, o processo de execução civil ficou destinado, a rigor, às hipóteses de execução de títulos extrajudiciais e contra a Fazenda Pública; os títulos executivos judiciais processam-se na forma do Capítulo X do Título VIII do Livro I do CPC (Do cumprimento da Sentença), consoante as alterações empreendidas pela Lei n. 11.232/05. A impugnação, medida adequada para opor-se ao cumprimento da sentença, também apenas excepcionalmente terá efeito suspensivo, confirmando a regra da não suspensividade.

A partir daí, em nossa compreensão, os efeitos dos embargos do devedor na execução trabalhista passam a enfrentar uma situação esdrúxula. Por entender tratar-se de ação de conhecimento, uma parcela da doutrina sustentava o efeito suspensivo dos embargos, apoiada no revogado § 1º do art. 739 do CPC; ocorre que isso não é mais possível. De outro modo, boa parte da doutrina concebe a execução trabalhista como mera fase do processo do trabalho, desta forma não há por que considerar os embargos à execução como ação.

Assim, em nosso sentir, deveria ser extirpado o efeito suspensivo dos embargos do devedor na execução trabalhista, não por aplicação subsidiária da norma processual civilista, mas diante da textura aberta do direito. O diploma consolidado não prevê o efeito suspensivo dos embargos do devedor, além do que a regra da suspensividade não é da índole do sistema processual do trabalho. Evidente, no entanto, a necessidade de se fazer a ponderação dos interesses envolvidos, que deverá ficar ao prudente arbítrio do juiz, assumindo a suspensividade caráter de excepcionalidade.

Apesar de todos os argumentos favoráveis à efetividade da execução trabalhista que até aqui prodigalizamos, não resta dúvida de que existe um descompasso histórico normativo entre os sistemas do cumprimento da sentença no processo civil e a execução trabalhista, a qual parece não ter aderido ao modelo constitucional de processo, a exemplo do que fez o CPC.

A bem da verdade, a desproporção estende-se entre toda estrutura do direito processual civil e do direito processual do trabalho, e não poderia ser diferente, uma vez que a legislação processual civil vem passando por reformas desde a década de 1990, ao passo que o movimento de alteração do direito processual do trabalho ocorre de forma muito mais tímida, marcado pela paralisação da maioria dos projetos reformadores, como já se noticiou no primeiro capítulo deste trabalho. Ressalte-se, ainda, que, por mais paradoxal que possa parecer, o legislador reformista do processo civil inspirou-se em muitas normas processuais trabalhistas.

5.2. O núcleo das ideias renovadoras implantadas pela Lei n. 11.232/05

O sistema implantado pela Lei n. 11.232/05 teve por escopo criar um instrumento atual e ágil inspirado no teor do inciso LXXVIII do art. 5º da Lei Maior. Com o propósito de garantir a efetividade da tutela jurisdicional prestada, o instituto do cumprimento da sentença procura imprimir a noção de que é mais prejudicial aguardar pela execução do que cumprir espontaneamente a sentença.

Dessa forma, estipula no *caput* do art. 475-J do CPC multa ao devedor faltoso; prevê, no § 3º do mesmo artigo, a possibilidade de o exequente indicar bens à penhora; dispõe, no *caput* do art. 475-M do CPC, que a impugnação, em geral, não terá efeito suspensivo, e no § 3º elimina o manejo do recurso de apelação, restringindo-o apenas às hipóteses de extinção da execução. Agregadas à adoção do processo sincrético, tais medidas constituem o núcleo das ideias renovadoras imprimidas ao instituto do cumprimento da sentença.

Contudo, a sensação que se tem é que o maior progresso, ou onde o horizonte da atividade executiva mais se elasteceu foi justamente no que se refere ao instituto da execução provisória. Em nosso sentir, a regra do art. 475-O do CPC mostra-se bastante inovadora e arrojada, onde o conteúdo do princípio insculpido no inciso LXXVIII do art. 5º da Constituição Federal mais se intensifica. Diante do binômio segurança-celeridade, o legislador faz a opção pela rapidez com o intuito de tornar efetiva a execução provisória, obtendo todos os efeitos práticos da execução definitiva. Entretanto, releva considerar que esse não é o pensamento de muitos doutrinadores, que entendem que a norma em exame foi de pouca ousadia[9].

Para *Araken de Assis*[10], a pronta exequibilidade da sentença nada tem de cautelar, mas cinge-se tão somente à antecipação da execução "no juízo de execução", e mesmo com a sentença apelada, tal exequibilidade manifesta-se como uma contribuição à profunda tendência de valorização dos "pronunciamentos de primeiro grau de jurisdição", acrescentando, com apoio em Marcelo Lima Guerra, que:

> É verdade que, até o presente momento, pouco ou nada se fez para alcançar o propalado objetivo; ao contrário, a proliferação do agravo de instrumento e a generalização de seu efeito suspensivo *ope judicis*, mas de competência do segundo grau de jurisdição, produziram o efeito oposto. Como quer que seja, e volvendo ao ponto, a exequibilidade imediata não representa a única e solitária forma de se antecipar o comando do título executivo, nem o fenômeno se limita às resoluções judiciais: o art. 66 da Lei n. 8.884/94 (Lei Antitruste) autoriza o juiz a antecipar "as providências contidas no título executivo".

Registre-se, por oportuno, que já se desenvolve um movimento tendente a abrandar toda a conquista revolucionária que o art. 475-O traz às relações

---

(9) Nesse sentido, Wolney de Macedo Cordeiro, que em artigo intitulado "A execução provisória trabalhista e as novas perspectivas diante da Lei n. 11.232, de 22 de dezembro de 2005", publicado na *Revista LTr*, São Paulo, v. 71, n. 4, p. 450, abr. 2007, assim se manifesta: "No que concerne à execução provisória, no entanto, as alterações foram bem modestas e pontuais, sendo apenas digna de destaque a possibilidade de dispensa de caução para a prática de atos de transferência de domínio na pendência de agravo de instrumento em face de recurso extraordinário ou especial (CPC, art. 475-O, § 2º, II)".
(10) *Cumprimento da sentença*, p. 143-144.

processuais. Nesse sentido, tramita pela Câmara dos Deputados um projeto de Lei n. 3.761/08, de autoria do deputado João Paulo Cunha, que proíbe a execução provisória de sentença de primeira instância enquanto pendente recurso contra entidades sem fins lucrativos, fundação, partido político, sindicato ou central sindical. A persistir a expansão das exceções, provavelmente, o instituto se desnaturará.

As ideias renovadoras introduzidas pela Lei 11.232/05 têm atraído a atenção de todos os que operam na Justiça do Trabalho, produzindo efeitos que já se fazem sentir no pensamento doutrinário e jurisprudencial trabalhista. A principal questão que se discute refere-se à necessidade ou não de importar para o processo do trabalho toda essa inovação

A despeito de uma certa euforia inicial ocorrida tanto em parte da doutrina como da jurisprudência trabalhista com o propósito de adaptar a disciplina consolidada ao novo processo de execução civil, a atitude de cautela tem prevalecido, não sendo poucos os doutrinadores que veem com muita desconfiança essas mudanças.

De outro modo, sobram argumentos justificadores sobre a impossibilidade de, pura e simplesmente, os dispositivos da disciplina consolidada que regem o processo de execução serem substituídos pelos da Lei n. 11.232/05. Uma das razões assenta-se nas regras insertas nos artigos 769 e 889 da CLT, que disciplinam a subsidiariedade no processo do trabalho.

5.3. A aplicação subsidiária das normas do direito processual civil ao processo do trabalho

A Consolidação da Leis do Trabalho prevê de forma genérica a aplicação supletória do processo comum em seu artigo 769, que dispõe que "nos casos omissos, o direito processual comum será fonte subsidiária do direito processual do trabalho, exceto naquilo em que for incompatível com as normas deste Título". A primazia do Código de Processo Civil como fonte subsidiária tem lugar tão somente no processo de conhecimento.

Para suprir as omissões do processo de execução, o legislador fez remissão à lei especial, que é a legislação referente à cobrança da dívida ativa da União, e isto porque o Decreto-lei n. 960, de 17.12.38, que regulava a matéria na ocasião, era considerado um diploma de concepção vanguardista. Dessa forma, estabelece o art. 889 celetista que "aos trâmites e incidentes do processo da execução são aplicáveis, naquilo que não contravierem ao presente Título, os preceitos que regem o processo dos executivos fiscais para a cobrança judicial da dívida ativa da Fazenda Pública Federal".

Como se vê, em matéria processual, a CLT dispõe de dupla, distinta e sucessiva supletividade, mas tendo todas em comum o requisito da omissão material da norma trabalhista.

Toda a regulamentação da aplicação supletiva do direito processual civil ao direito processual do trabalho foi construída levando-se em conta a manutenção da autonomia do direito processual trabalhista, que, em nosso sentir, não foi maculada, a despeito da imprecisão e laconismo de muitas de suas normas. Se é certo que a autonomia legislativa do processo laboral não atinge sua plenitude, não menos certo é que este ramo do direito processual, vocacionado à tutela protetiva dos direitos sociais, possui princípios e peculiaridades próprias a justificar sua autonomia

Já *Edilton Meireles*[11] assim não pensa. Para ele, diante da escassez do quadro legislativo, a autonomia da execução trabalhista em relação à execução civil sempre ficou prejudicada, não passando a execução trabalhista de um simples "procedimento executivo mais especial", observando que:

> Em verdade, o que tínhamos era uma execução civil na Justiça do Trabalho, com aplicação de algumas e poucas regras mais especiais e não, o contrário, como se a execução fosse trabalhista, com aplicação de poucas regras gerais do CPC.

Wolney de Macedo Cordeiro[12] observa que o legislador celetista tomou por base que o texto da Consolidação, embora escasso, era muito mais capaz de instrumentalizar o direito material do que o direito processual comum. Dessa forma, a alusão ao processo civil na seara processual trabalhista era vista tão somente como "uma necessidade de ordem prática", haja vista a concisa codificação laboral. Fazendo questão de sublinhar o empirismo na estruturação da sistemática processual trabalhista, ressalta que sua edificação deu-se de forma aberta, possibilitando a interação "com outros sistemas normativos", porém sem despir-se de seus princípios básicos e fundamentais.

Para ele, no entanto, este modelo de aplicação subsidiária "do direito comum" encontra-se ultrapassado e anacrônico. A ideia inflexível de que o processo civil era "naturalmente conservador" e o processo do trabalho vanguardista foi rompendo-se, razão pela qual opina pela relativização da concepção primária da aplicação subsidiária do direito processual civil. Em suas palavras, "a atividade do intérprete não deve ser resumida à constatação tópica da omissão legislativa, mas sim do eventual anacronismo em relação aos avanços do processo civil".

Adotando semelhante enfoque, surge uma corrente doutrinária defendendo a ideia de que, além da omissão do legislador, há lacunas no ordenamento jurídico decorrentes da desatualização das leis, em geral, há muito tempo vigentes. Certamente tal corrente apoia-se, entre outros, no pensamento de *Norberto Bobbio*[13], que, em sua obra *Teoria do ordenamento jurídico* faz diversas classificações

---
(11) A extinção da ação de execução da CLT. *Revista LTr*, São Paulo, v. 72, n. 6, p. 676-677, jun. 2008.
(12) Da releitura do método de aplicação subsidiária das normas de direito processual comum ao processo do trabalho. In: CHAVES, Luciano Athayde (org.). *Direito Processual do Trabalho:* reforma e efetividade, p. 28-29.
(13) *Teoria do ordenamento jurídico*, p. 115-145.

das lacunas, dentre elas, as denominadas lacunas objetivas, as quais não provêm da vontade do legislador, mas de fatores externos que provocam o envelhecimento dos textos legislativos.

O fenômeno do envelhecimento da lei tem sido chamado pela doutrina de "ancilosamento jurídico". Consoante observa *Marcelo Rodrigues Prata*[14], a expressão deriva do termo médico "ancilose", que é uma enfermidade que compromete os "movimentos em uma articulação naturalmente móvel", dessa maneira, alegoricamente, determinadas leis ou até mesmo a totalidade dos ordenamentos jurídicos seriam acometidos por uma ausência de mobilidade apta a lhes tolher a capacidade de resolução dos problemas decorrentes da constante evolução da sociedade.

Luciano Athayde Chaves[15], reconhecendo a incompletude do "microssistema processual trabalhista", chama a atenção para a necessidade de ser impulsionada a teoria das lacunas do direito. Para ele, a heterointegração do sistema não pode mais se ater apenas à hipótese de lacuna normativa, mas, igualmente, aos casos em que a norma processual trabalhista se apresenta indiscutivelmente ancilosada diante de outros institutos processuais análogos pertencentes a distintas esferas da ciência processual que se modernizaram, tornando-se mais eficazes.

No final de novembro de 2007, a Associação Nacional dos Magistrados da Justiça do Trabalho – Anamatra e a Escola Nacional de Formação e Aperfeiçoamento de Magistrados do Trabalho – Enamat, com apoio do Conselho Nacional das Escolas de Magistrados do Trabalho – Conematra, organizaram a 1ª Jornada de Direito Material e Processual na Justiça do Trabalho, realizada na sede do Tribunal Superior do Trabalho. O evento contou com a participação, dentre outros, de ministros do TST, juízes de outras instâncias, advogados, professores e procuradores, que debateram temas relevantes de direito material e processual.

Nessa Jornada foram aprovados 79 enunciados, que não se confundem com os antigos enunciados do TST, atualmente chamados de súmulas. Embora não tenham efeito legal, esses enunciados destinam-se a balizar os posicionamentos dos magistrados sobre diversos temas.

Assim sendo, no que se refere à aplicação subsidiária de normas do processo comum ao processo do trabalho, foi aprovado o enunciado de número 66[16], cujo teor é o seguinte:

> 66. Aplicação subsidiária de normas do processo comum ao processo trabalhista. Omissões ontológica e axiológica. Admissibilidade diante do atual estágio de desenvolvimento do processo comum e da necessidade de se conferir aplicabilidade à garantia constitucional da duração razoável do processo, os arts.

---

(14) A multa do art. 475-J do Código de Processo Civil e sua aplicabilidade no processo do trabalho. *Revista LTr*, São Paulo, v. 72, n. 7, p. 798, jul. 2008.
(15) *A recente reforma do processo comum:* reflexos no direito judiciário do trabalho, p. 28-29.
(16) *Revista LTr*, São Paulo, v. 71, n. 12, p. 1505, dez. 2007.

769 e 889 da CLT comportam interpretação conforme a Constituição Federal, permitindo a aplicação de normas processuais mais adequadas à efetivação do direito. Aplicação dos princípios da instrumentalidade, efetividade e não retrocesso social.

Como se percebe, o texto desse enunciado espelha uma ideologia progressista consentânea com a diretoria da Anamatra.

Sem a pretensão de analisarmos em sua inteireza o complexo e difícil tema das lacunas da lei, elegemos neste trabalho o pensamento de *Tércio Sampaio Ferraz Jr.* para fundamentar nossa posição diante das lacunas do direito processual do trabalho.

Na análise de *Sampaio Ferraz Jr.*[17], lacuna é geralmente entendida como "falta de norma para um caso qualquer, é um conceito relacional negativo, pois expressa inadequação", o que leva, num primeiro momento, a doutrina a considerar o ordenamento como um conjunto de condutas típicas e harmoniosas, em suas palavras:

> Enquanto a relação entre os dois conjuntos permanece estática na sua concepção, a questão das lacunas não aparece, podendo-se até postular que todo o ordenamento desconsidera, como indiferente, qualquer comportamento que não seja qualificado expressamente ou como proibido/obrigatório ou como permitido (autorizado). É o princípio da plenitude dos ordenamentos jurídicos. A questão surge, portanto, quando se introduz uma nota de dinamicidade na relação entre os sistemas.

A problemática é enfrentada pelo doutrinador com apoio no pensamento realeano sobre o tema da lacuna. Como se sabe, para *Miguel Reale*, o direito é um fenômeno complexo, integrado de fato, valor e norma, formando um todo, uma unidade concreta e dinâmica. A relação que se forma entre eles é uma relação de polaridade, contudo, estes polos não se opõem sob a forma de uma dialética de oposição, mas de complementaridade.

Essa concepção dialética permite a *Tércio Sampaio Ferraz Jr.* edificar uma explicação filosófica para a questão da lacuna. Para ele, o equívoco é fazer qualquer consideração estática do problema. Dessa forma, a busca por uma definição ou classificação da lacuna, como fez, por exemplo, Ernst Zitelmann, que as classificou em autênticas e inautênticas, gera resultados insatisfatórios. Utilizando-se da noção de sistema sugerida por *Miguel Reale* (efetiva gradação da positividade jurídica), conclui que lacuna não "é vazio nem inadequação, mas tensão não resolvida temporariamente, forçando a síntese normativa do Poder no caso concreto". Nesta concepção dialética, a lacuna passa a ser axiológica, normativa e cognitiva, esclarecendo, contudo, o seguinte:

---
(17) O problema das lacunas e a filosofia jurídica de Miguel Reale. Disponível em: <http://www.terciosampaio ferrazjr.com.br/publicações cientificas/10> Acesso em: 31 maio 2007.

Assinala-se, porém, que, quando falamos em lacunas axiológicas, normativas e cognitivas, isto não deve ser entendido num sentido analiticamente classificatório. Os três casos são, na verdade, momentos dialéticos de um processo, posto que a lacuna, nessa concepção, não é nunca só axiológica ou só normativa ou cognitiva, mas integralmente, numa forma dinâmica, os três.

Assim, com fundamento nestas lapidares lições, acreditamos que tão somente o ancilosamento da lei, tratado individualmente, não é capaz de abalar a regra estabelecida no art. 769 da CLT, que dispõe sobre a aplicação subsidiária da norma processual comum apenas na hipótese de omissão normativa e compatibilidade com o processo laboral, o mesmo se diga quanto ao art. 889 da CLT, embora neste caso a legislação processual comum seja a segunda fonte subsidiária. O que não significa, entretanto, que discordamos da ideia de que o conceito de lacuna no direito processual do trabalho deve ser repensado, mas não apenas por obra doutrinária ou jurisprudencial.

5.4. Do princípio da segurança jurídica

O princípio da segurança jurídica constitui um dos principais pilares do Estado Democrático de Direito. Consoante ensina *J. J. Gomes Canotilho*[18], a expressão "Estado de direito" tem origem na doutrina alemã do século XIX, cuja essência se reveste na proteção dos cidadãos contra a prepotência e o arbítrio, sobretudo por parte do Estado, assinalando que "tal como existe um Estado de direito democrático, também só existe um Estado democrático de direito, ou seja, submetido às competentes regras jurídicas", em seu dizer:

> Mais do que constitutivo de preceitos jurídicos, o princípio do Estado de direito democrático é sobretudo conglobador e integrador de um amplo conjunto de regras e princípios constitucionais dispersos pelo texto constitucional.

Dão sustentabilidade à segurança jurídica, dentre outros, os seguintes princípios: respeito aos direitos adquiridos, ao ato jurídico perfeito e à coisa julgada, irretroatividade da lei, devido processo legal, contraditório e ampla defesa, declarações de direitos e garantias individuais etc.

Na ideia de justiça encrava-se a noção de ordem. Nas lições de *Miguel Reale*[19], o homem comum vê o Direito como lei e ordem, portanto um conjunto de regras obrigatórias garantidoras da convivência social, daí sua afirmação de que o Direito "é a ordenação heterônoma e coercível da conduta humana".

Dessa forma, a obrigatoriedade do direito garante a segurança jurídica, que por sua vez proporciona estabilidade às relações jurídicas. Com isso, como bem

---
(18) *Constituição da República Portuguesa anotada*, p. 74-75.
(19) *Lições preliminares de direito*, p. 1/49.

sustenta *Marcelo Rodrigues Prata*[20], incita-se o juiz a "não surpreender a comunidade jurídica", tanto quanto possível, com decisões que desprezem a "tradição jurídica do país".

Pedro Paulo Teixeira Manus[21], discorrendo sobre os princípios do devido processo legal, do contraditório e da ampla defesa, ensina que o ordenamento jurídico possui métodos de controle de suas normas dispostas a assegurar ao jurisdicionado o respeito ao estado de direito, de modo que são repelidas alterações de normas ou aplicação de regras diferentes que causem prejuízo às "situações juridicamente consolidadas e protegidas pelas regras hierarquicamente superiores".

Acrescenta que os arts. 769 e 889 da CLT têm regras específicas para a aplicação supletiva da lei, e em ambas as regras há em comum o requisito da omissão do diploma consolidado, portanto, havendo norma regulando a matéria, não há que se falar em aplicação subsidiária, representando princípio característico do processo do trabalho, que no seu dizer:

> (...) garante o respeito ao devido processo legal, na medida em que o jurisdicionado tem a segurança de que não será surpreendido pela aplicação de norma diversa sempre que houver a solução no texto consolidado.

É sob esse prisma que *Teixeira Manus* analisa a possibilidade de aplicação supletiva das novas regras do Código de Processo Civil ao processo do trabalho, mormente no que se refere ao processo de execução, posição à qual nos filiamos.

O Estado tem o poder-dever de oferecer a todo cidadão um mínimo de previsibilidade possível a respeito de quais as regras deve observar e fundamentar suas relações jurídicas. A isso se dá o nome de "segurança jurídica".

Embora falando sobre o princípio da segurança jurídica no âmbito do direito administrativo, mas que vale para outras searas do direito, *Maria Sylvia Zanella de Pietro*[22] sustenta que este princípio se justifica, na medida em que a mudança de interpretação de uma determinada norma legal reflete numa situação já reconhecida e consolidada, gerando insegurança jurídica, uma vez que "os interessados nunca sabem quando a sua situação será passível de contestação pela própria Administração Pública".

A imprevisibilidade das decisões judiciais provoca insegurança jurídica, gera intranquilidade, enfraquece o regime democrático e contribui para o aumento dos conflitos, além de desestabilizar as instituições. Desta forma, a aplicação de regras do processo civil ao processo do trabalho deve respeitar primeiramente o

---

(20) A multa do art. 475-J do Código de Processo Civil e sua aplicabilidade no processo do trabalho. *Revista LTr*, São Paulo, v. 72, n. 07, p. 799, jul. 2008.
(21) A execução no processo do trabalho, o devido processo legal, a efetividade do processo e as novas alterações do Código de Processo Civil. *Revista TST*, Brasília, v. 73, n. 1, p. 43, jan./mar. 2007. Disponível em: <http://www.tst.gov.br> Acesso em: 11 abr. 2008.
(22) *Direito administrativo*, p. 85.

requisito da omissão para só depois examinar a compatibilidade, posto que não havendo omissão, conforme o dizer de *Manoel Antonio Teixeira Filho*[23], "nenhum intérprete está autorizado a perquirir sobre a mencionada compatibilidade", já que a omissão é pressuposto fundamental da compatibilidade.

Tendo em vista a natureza dos atos executórios, outorga-se ao magistrado, no processo de execução, enorme poder, o qual deve ser exercido sem arbitrariedade. Como bem destaca *Carla Teresa Martins Romar*[24]:

> Se de um lado, o procedimento executório deve ser eficaz, célere e econômico, em benefício do devedor, de outro lado, há normas que estabelecem limites ao exercício dos poderes do juiz, servindo para prevenir ilegalidades e excessos na execução.

5.5. Aplicação das inovações trazidas pela Lei n. 11.232/05 ao processo do trabalho

Após as modificações introduzidas no processo civil, instalou-se no âmbito do processo do trabalho enorme celeuma, com alguns Juízes do Trabalho aplicando *tout court* os dispositivos da Lei n. 11.232/05 em prol da efetividade e da celeridade do processo, olvidando-se de que a CLT tem regulação específica no que se refere ao processo de execução.

O argumento de que as disposições celetistas são numericamente insuficientes para regular o procedimento da liquidação e do processo de execução não autoriza a completa importação de regras do processo civil para o processo do trabalho, uma vez que a aplicação dessas normas é admissível tão somente em caso de lacunas constatadas e desde que haja compatibilidade. Ressalte-se, contudo, que não tem sido este o entendimento de boa parte da doutrina e jurisprudência.

Considerando-se que apenas onde houver omissão e compatibilidade serão adotadas supletivamente as novas regras contidas na Lei n. 11.232/05, em apertada síntese, entendemos que serão aplicáveis ao processo do trabalho as disposições contidas nos arts. 162, 267, 269 e 463 do CPC. Quanto às regras contidas nos arts. 466-A, 466-B e 466-C do CPC, são igualmente admissíveis, embora os últimos dois preceitos dificilmente encontrarão condições de incidir no processo do trabalho.

No que se refere aos arts. 475-A a 475-H do CPC, que passaram a regular o procedimento de liquidação de sentença, tendo em vista que a maior parte da matéria está normada na CLT (art. 879), a adoção supletiva se dará apenas quando houver insuficiência de regras para reger todo o procedimento da liquidação.

---

(23) Processo do trabalho – embargos à execução ou impugnação à sentença? A propósito do art. 475-J, do CPC. *Revista LTr*, São Paulo, v. 70, n. 10, p. 1180, out. 2006.
(24) *Direito processual do trabalho*, p. 204.

Assim sendo, acreditamos aplicáveis parcialmente ao processo do trabalho os seguintes dispositivos: §§ 1º e 2º do art. 475-A; §§ 1º e 2º do art. 475-B; art. 475-C; 475-D; 475-E; 475-F.

Nada obstante a íntegra da Lei n. 11.232/05 ter causado grande impacto nos domínios do processo trabalhista, foi no âmbito do "cumprimento da sentença" onde efetivamente travou-se verdadeira batalha doutrinária e jurisprudencial com relação à aplicação das inovações normativas, centrando-se a polêmica em torno do art. 475-J do CPC.

Para exemplificar a controvérsia jurisprudencial desencadeada pela aplicação do art. 475-J ao processo do trabalho, citaremos a seguir algumas ementas de acórdãos oriundos de diferentes Tribunais Regionais do Trabalho:

> MULTA DO ART. 475-J. APLICAÇÃO NA JUSTIÇA DO TRABALHO. O processo civil, notadamente quanto à fase de execução, sofreu transformações que não podem ser descartadas de plano pela Justiça do Trabalho, até porque muitas delas foram notoriamente inspiradas no processo trabalhista. A multa do art. 475-J do CPC traz inovação no intento de conferir maior efetividade ao provimento judicial: a intimação da parte para cumprimento da decisão, no prazo de 15 dias, sob pena de multa de 10% sobre a condenação, não apresentando incompatibilidade com o processo trabalhista. Nem mesmo à luz do art. 769 da CLT justifica-se a resistência à aplicação do art. 475-J do CPC. Com feição inovadora, referido dispositivo cria uma tramitação prévia, no interstício temporal que antecede a execução forçada, prescrevendo ato a ser praticado após a liquidação da sentença, que se materializa pela expedição de simples intimação à parte, a fim de que se disponha a cumprir o comando sancionatório contido na decisão cognitiva, sob pena de multa. A CLT não traz qualquer dispositivo legal semelhante, inexistindo, portanto, a suposta incompatibilidade. Os dispositivos da CLT incidem a partir da execução forçada do *decisum* (art. 880 e seguintes), e portanto, somente após a regular intimação da parte para depositar a condenação. Vê-se, então, que o art. 475-J tem incidência antes das disposições constantes na CLT e mesmo daquelas de que trata a Lei n. 8.630/80. Daí porque concluímos que (1) o portal do art. 769 da CLT, por ser anterior, não pode engessar o direito processual do trabalho, mantendo-o fechado às inovações ocorridas na legislação processual; (2) a CLT e a Lei n. 6.830 não tratam especificamente dessa modalidade de cobrança preliminar sob pena de multa, de sorte que o art. 475-J do CPC veio preencher um vazio legal, o que autoriza sua aplicação subsidiária no processo trabalhista; (3) as modificações sofridas pelo processo civil representam um aporte legal vanguardista, harmônico com a instrumentalidade, celeridade e efetividade que se busca imprimir ao processo trabalhista, mormente no que concerne à fase preliminar à execução, em que se intenta a satisfação espontânea de créditos de natureza alimentar. TRT – 0098200727102002 – RO – AC. 4ª. T. 20080722592 – Rel. RICARDO ARTUR COSTA E TRIGUEIROS – DOE 29/08/2008[25].

---

(25) Disponível em: <http://www.trt02.gov.br> Acesso em: 18 out. 2008.

EXECUÇÃO. MULTA PREVISTA NO ART. 475-J DO CPC. PROCESSO DO TRABALHO. Consoante o art. 769 da CLT, a aplicação das normas contidas no CPC é sempre subsidiária, em caso de lacuna da legislação trabalhista e desde que haja compatibilidade com os princípios do direito processual do trabalho. Nesse contexto, a multa prevista no art. 475-J do CPC não se aplica ao Processo do Trabalho, pois a CLT possui regras próprias sobre o assunto – art. 882 da CLT – que dispõe especificamente acerca do descumprimento da ordem de pagar. TRT/MG – 00258-2007-077-03-00-0 AP – AC 7ª. Turma – Rel. ALICE MONTEIRO DE BARROS – DJMG 04/12/2008[26].

MULTA DO ART. 475-J, CPC – Deve-se interpretar a aplicação subsidiária do direito processual civil, prevista no art. 769, quando sua utilização for necessária e eficaz para melhorar a efetividade da prestação jurisdicional trabalhista. Diante da lacuna normativa e da possibilidade de utilização subsidiária do direito Processual Civil, plenamente aplicável a multa prevista no art. 475-J do CPC. TRTES – 01794.2004.007.17.00.2 RO – AC 2ª. Turma – Rel. CLAUDIO ARMANDO COUCE DE MENEZES DOES 01/09/2008[27].

ART. 475-J DO CPC. INAPLICABILIDADE AO PROCESSO TRABALHISTA. A CLT contém disciplina própria em matéria de execução por quantia certa (arts. 876 a 892), circunstância que impede a incidência do art. 475-J no processo do trabalho, já que impossível cogitar-se de subsidiariedade. Releva acentuar que as leis processuais civis não revogam as Leis especiais do Processo do Trabalho. Sem lacuna disciplinar, há de ser aplicado de forma autônoma e soberana o sistema Processual Trabalhista, neste âmbito.

TRTSC – 02615-2007-039-12-00-9 RO – AC. 2ª. Turma – Rel. Geraldo José Balbinot – DOE 04/08/2008[28].

Consoante observa *José Augusto Rodrigues Pinto*[29], o art. 457-J do CPC:

(...) abriu um profundo fosso divisório de opinião entre os processualistas do trabalho, que entraram em renhida disputa a partir de duas posições que chamaríamos conservadora, de um lado, e reformista radical, do outro.

Para a corrente reformista, a aplicação da multa de 10% ao devedor, prevista no *caput* do art. 475-J, é plenamente compatível com o processo do trabalho, na medida em que a CLT não trata dessa multa, havendo, portanto, omissão, além do que se trata de uma forma eficaz de estimular o devedor a pagar uma dívida de natureza alimentar, sem maiores interferências do Poder Judiciário.

---

(26) Disponível em: <http://mg.trt.gov.br> Acesso em: 18 out. 2008.
(27) Disponível em: <http://trt17.gov.br> Acesso em: 18 out. 2008.
(28) Disponível em: <http://trt12.jus.br> Acesso em: 18 out. 2008.
(29) A polêmica trabalhista em torno da Lei n. 11.232/05 – Fase de cumprimento das sentenças no processo de conhecimento. *Revista LTr*, São Paulo, v. 71, n. 11, p. 1296, nov. 2007.

Pertencente a essa corrente, *Mauro Schiavi*[30] sustenta a impossibilidade de a CLT ser interpretada isoladamente dos princípios constitucionais do processo. Para ele, sendo o direito processual do trabalho essencialmente instrumental e distinguido por seu "acentuado grau protetivo", está apto a adotar o critério da norma mais benéfica, ainda que tal regra "seja a do Direito Processual Civil e seja aparentemente contrária à CLT", não vendo nisso nenhuma mácula ao devido processo legal ou surpresa ao jurisdicionado, uma vez que o Juiz do Trabalho não estará criando normas ao aplicar o CPC, mas tão somente "aplicando uma regra processual legislada mais efetiva que a CLT e é sabido que a lei é de conhecimento geral (art. 3º, LICC)".

Para os defensores da corrente reformista, a multa prevista no *caput* do art. 475-J guarda implacável lógica com a estrutura processual trabalhista, além do que este sistema já admite outras multas não previstas na CLT, tais como: a) multa por ato atentatório ao exercício da jurisdição (CPC, art. 14, parágrafo único); b) multa pela litigância de má-fé (CPC, arts. 17 e 18); c) multa por embargos protelatórios (CPC, art. 538, parágrafo único); d) multa por ato atentatório à dignidade da justiça (CPC, art. 601).

O Tribunal Regional do Trabalho da 9ª Região posicionou-se dianteiramente em relação ao tema, editando a Orientação Jurisprudencial EX SE 203[31], votada pela Seção Especializada e Turmas, e publicada no DJPR, em 09.10.07, p. 323, com o seguinte teor:

OJ EX SE 203 – MULTA – ART. 475-J do CPC – APLICABILIDADE AO PROCESSO DO TRABALHO. A multa prevista no art. 475-J é aplicável ao Processo do Trabalho, nos termos dos arts. 769 e 889 da CLT, observados os seguintes parâmetros:

I – a multa incidirá no prazo de 15 (quinze) dias, contados da data da intimação do trânsito em julgado da sentença, quando líquida (art. 852 da CLT) ou da data da intimação da decisão de liquidação;

II – transcorrido o prazo sem pagamento, proceder-se-á à citação do réu para que, em 48 horas, pague o valor da condenação já acrescido da multa de 10% ou nomeie bens à penhora, nos termos do art. 880 da CLT;

III – o pagamento parcial no prazo fará incidir a multa apenas sobre o restante do valor da condenação;

IV – a citação para pagamento ou nomeação de bens prescinde do requerimento do credor, sendo inaplicável a segunda parte do *caput* do artigo 475-J do CPC;

V – não é necessária a intimação pessoal do devedor para incidência da multa;

---
(30) Novas reflexões sobre a aplicação do art. 475-J do CPC ao processo do trabalho à luz da recente jurisprudência do TST. *Revista LTr*, São Paulo, v. 72, n. 3, p. 273-275, mar. 2008.
(31) Disponível em: <http://trt9.jus.br> Acesso em: 18 out. 2008.

VI – a multa é inaplicável na execução provisória, bem como na hipótese de execução contra a Fazenda Pública.

Embora desprovida de efeitos legais, também a citada Primeira Jornada de Direito Material e Processual na Justiça do Trabalho, realizada na sede do TST, aprovou, no final de novembro de 2007, o seguinte enunciado[32]:

> 71. Art. 475-J do CPC. Aplicação no processo do trabalho. A aplicação subsidiária do art. 475-J do CPC atende às garantias constitucionais da razoável duração do processo, efetividade e celeridade, tendo, portanto, pleno cabimento na execução trabalhista.

Tal enunciado é fruto do pensamento defendido especialmente por uma fileira mais jovem da doutrina e da judicatura trabalhista.

Já para a corrente conhecida como conservadora, existe um certo encantamento da ala reformista pela multa do art. 475-J do CPC, atribuído em boa parte à euforia da inovação e ao nervosismo pela efetividade processual, que choca-se com o que dispõe o *caput* do art. 880 da CLT, que não estabelece nenhum acréscimo na hipótese de o crédito exequendo não ser satisfeito voluntariamente. Some-se a isso que tal penalidade está estreitamente jungida ao sistema criado pelo art. 475-J do CPC, que materializou o processo sincrético, o que prejudica sua visão fora da conjuntura em que foi idealizada.

Desse modo, essa norma processual civilista não foi prevista para o caso de citação, além do que o legislador, considerando exíguo o prazo de 24 horas constante na antiga redação do art. 652 do CPC, elasteceu-o para 15 dias. A CLT, entretanto, tem norma própria, dispondo expressamente que o devedor será citado para pagar em 48 horas (art. 880) ou garantir a execução sob pena de penhora, o que afasta a aplicação subsidiária, *in malam partem,* do art. 475-J do CPC, mormente pelo seu caráter sancionatório.

No sistema da execução trabalhista há norma própria para o caso de não pagamento do crédito exequendo, cuja consequência é tão somente a execução forçada com a constrição legal, observada a ordem prevista no art. 655 do CPC. A existência de garantias processuais expressas inibe seu afastamento pelo caminho da interpretação derrogatória, uma vez que não há omissão e o entendimento *contra legem* fere o princípio constitucional do devido processo legal, no qual ninguém será privado de seus bens sem um processo adequado, prévio e orientado pelo contraditório e a ampla defesa.

Jorge Pinheiro Castelo[33] pondera que, por se tratar de aumento de poder, a aplicação da multa de 10% no processo do trabalho necessita de específica previsão legal, advertindo que:

---
(32) *Revista LTr*, São Paulo, v. 71, p. 1.506, dez. 2007.
(33) A nova reforma do processo civil e o processo do trabalho – Fase de cumprimento da sentença (Lei n. 11.232/05). *Revista LTr*, São Paulo, v. 71, n. 3, p. 307-308, mar. 2007.

Necessária é a previsão legal da multa, visto que a aplicação de penalidade deve estar disciplinada no procedimento legal, como garantia do Estado Democrático contra o arbítrio que poderia ocorrer sobre aquele que se encontra no estado de sujeição.

Abraçamos a segunda corrente, por entendermos que, embora diminutas, a execução trabalhista tem regras próprias dispostas nos arts. 876 a 892 da CLT que não podem ser substituídas *manu militari* pelas da Lei n. 11.232/05, exceto quando houver omissão e compatibilidade (arts. 769 e 889 da CLT), o que não é o caso da penalidade prevista no art. 475-J. Como bem adverte *Manoel Antonio Teixeira Filho*[34], "leis de processo civil não revogam leis do processo do trabalho; e vice-versa". Tão importante quanto o binômio celeridade/efetividade é garantir a segurança jurídica por meio do devido processo legal.

O argumento de que o sistema processual trabalhista admite outras multas não previstas na CLT impressiona, mas não convence, pois para a hipótese de incidência da multa do art. 475-J o diploma consolidado tem regulação específica, não havendo omissão. Assim, qualquer ato judicial que impusesse a obrigação de satisfazer o crédito exequendo sob pena de incidência da multa de 10% violaria a garantia do devido processo legal. O devedor não poderia ser punido pelo exercício de um inequívoco direito, já que o sistema processual trabalhista concede-lhe a faculdade de resistir à execução mediante prévia garantia patrimonial do juízo.

Os defensores da plena aplicabilidade da multa do art. 475-J do CPC ao processo do trabalho não podem deslembrar que também o empregado poderá ser condenado a pagar alguma quantia ao empregador. Pretender aplicar a multa tão somente ao empregador é macular o princípio da isonomia, e estendê-la ao empregado é provocar desarmonia com os princípios protetores que orientam o direito do trabalho e o direito processual do trabalho. Tais aspectos reforçam a incompatibilidade do artigo em comento com as normas processuais trabalhistas.

Em interessante artigo denominado "As tropas de elite e a febre de efetividade na execução trabalhista", *Maurício Gasparini*[35] introduz na discussão em torno da aplicação da Lei n. 11.232/05 um excêntrico componente comparativo externo, fazendo uma correlação entre os métodos do protagonista (Capitão Nascimento) do filme *Tropa de Elite*, que narra uma trama policial, e a conduta de alguns magistrados trabalhistas no processo de execução. Para ele, o anseio exacerbado de alguns desses juízes pela efetividade e celeridade no andamento do processo termina por violar princípios constitucionais mínimos, a exemplo do que faz, no filme *Tropa de Elite*, o Capitão Nascimento, que é um homem sem escolha, atuando em uma tênue linha que separa vida e morte. Em suas palavras:

---
(34) As novas leis alterantes do processo civil e sua repercussão no processo do trabalho. *Revista LTr*, São Paulo, v. 70, n. 3, p. 287, mar. 2006.
(35) As tropas de elite e a febre de efetividade na execução trabalhista. *Revista LTr*, São Paulo, v. 72, n. 3, p. 330-333, mar. 2008.

À *prima facie* nos parece que, guardadas as devidas proporções, estamos nos deparando com execuções carregadas das mesmas medidas extremas que o BOPE de Tropa de Elite, sob o comando do Capitão Nascimento, aplicava no combate ao tráfico de drogas nos morros cariocas. Se, por um lado, permitem a exata entrega do bem da vida pretendido – e de direito do trabalhador –, por outro acabam atropelando garantias legais constitucionais mínimas conquistadas pela sociedade ao longo dos tempos.

Não há dúvida de que se tratando de um crédito com função alimentar, como é o que se reclama na Justiça do Trabalho, existe um anseio natural de todos na efetividade e celeridade processual, razão pela qual é compreensível que a regra inserta no *caput* do art. 475-J do CPC mostre-se tão atraente para boa parcela da doutrina e jurisprudência trabalhistas. Entretanto, por mais sedutora que possa ser, não pode sobrepor-se à norma expressa prevista na CLT (art. 880), já que a revogação de uma norma jurídica, na vigência do princípio republicano da separação dos poderes, compete exclusivamente ao legislador. Além disso, por cuidar-se de norma impositiva de coerção econômica, sua aplicação não pode ser ampliativa, mas restritiva.

Por outro lado, embora não tenham despertado a mesma controvérsia que se viu linhas atrás, releva considerar a aplicação dos demais artigos que integram a sistemática "Do Cumprimento da Sentença".

Assim sendo, entendemos aplicável ao processo do trabalho a norma do art. 475-L, itens I, II, IV, V e VI, pois ainda que a CLT regule o tema (arts. 884, § 1º), o rol de matérias alegáveis pelo devedor em seus embargos sempre foi entendido como insuficiente, e, mesmo antes da reforma, já se aplicava o art. 741 do CPC. Incabível, contudo, a aplicação do item III, que versa sobre a "avaliação errônea, uma vez que o § 1º do art. 13, da Lei n. 6.830/80, prevê a possibilidade de o devedor ou credor impugnar a avaliação dos bens em momento anterior à apresentação dos embargos, ou seja, logo em seguida à lavratura do auto ou do termo de penhora.

Quanto à regra do art. 475-M do CPC, pensamos que sua aplicação mostra-se bastante polêmica, na medida em que a CLT tem norma própria sobre os embargos do devedor (art. 884), embora não trate expressamente de seus efeitos. Pelas razões já expendidas no início deste capítulo, em nossa compreensão, o diploma consolidado não prevê o efeito suspensivo dos embargos do devedor, além do que a regra da suspensividade não é da índole do sistema processual do trabalho. Porém, o § 2º do art. 897 da CLT dispõe que no caso de interposição de agravo de instrumento para atacar despacho que indefere agravo de petição a execução não será suspensa, levando parte da doutrina à conclusão de que apenas nessa situação será admitida a continuidade da execução de forma completa.

A incidência do art. 475-N do CPC no processo do trabalho encontra óbice no *caput* do art. 876 da CLT, que dispõe expressamente acerca dos títulos executivos judiciais.

No tocante ao art. 475-O do CPC, entendemos parcialmente aplicável ao processo do trabalho, na medida em que se harmoniza com os requisitos do art. 769 da CLT. Como não há no diploma consolidado regulamentação específica da execução provisória, torna-se necessária a adoção supletiva da regra inserta no art. 475-O do CPC, dessa forma, são aplicáveis subsidiariamente os incisos I e II, já o inciso III choca-se com o que dispõe o art. 899, *caput*, da CLT.

Em relação ao art. 475-P do CPC, a CLT tem regra própria equivalente (art. 877), e quanto ao seu parágrafo único, apesar de sua adequação às diretrizes do processo do trabalho em vista de seu alcance prático, há cristalino conflito com o art. 877-A do diploma consolidado, que não permite a eleição de outros foros e o consequente rompimento da competência funcional. Por essa razões, pensamos que a adoção do dispositivo em exame no processo do trabalho deve ser rechaçada.

No que se refere ao art. 475-Q do CPC, a CLT nada dispõe quanto ao tema, além do que há perfeita compatibilidade com tal dispositivo, motivos pelos quais opinamos por sua aplicação no processo do trabalho. Ressalte-se que, com a ampliação da competência da Justiça do Trabalho efetivada pela EC 45/04, que passou a julgar também as ações de indenização por danos decorrentes da relação de trabalho, a norma anterior (art. 602 do CPC) que regulava a matéria já vinha sendo adotada no juízo trabalhista, portanto, natural que a nova regra continue a ser aplicada subsidiariamente.

Finalmente, quanto ao art. 475-R do CPC, que se reporta a um tipo de subsidiariedade interna, consoante as bem lançadas observações de *José Augusto Rodrigues Pinto*[36], pouco interesse desperta no processo do trabalho, "pois a aplicação supletiva que delas se pode receber já é feita".

5.6. Reflexos da Lei n. 11.382/06 no processo de execução trabalhista

A Lei n. 11.382/06 implementou modificações substanciais no processo de execução dos títulos extrajudiciais no âmbito do processo civil. A exemplo do que sustentamos para aplicação subsidiária da Lei n. 11.232/05 no procedimento laboral, a utilização da Lei n. 11.382/06 apenas se justifica quando houver omissão normativa e compatibilidade com os princípios específicos e informativos do processo do trabalho, consoante a regra do art. 769 da CLT. Em outras palavras, pode-se dizer que a aplicação subsidiária de normas do direito processual comum ao direito processual do trabalho somente deverá ocorrer quando for necessária e puder contribuir para a melhoria da efetividade da prestação jurisdicional.

Tendo em vista que nosso estudo tem por alvo principal as repercussões da Lei n. 11.232/05 no processo de execução trabalhista, dentre as diversas inovações

---

(36) Compreensão didática da Lei n. 11.232, de 22.12.2005. *Revista LTr*, São Paulo, v. 70, n. 3, p. 315, mar. 2006.

trazidas pela Lei n. 11.382/06, destacaremos tão somente a aplicação subsidiária da norma inserta no art. 745-A do CPC, por entendermos que a possibilidade de o devedor confesso obter o parcelamento da dívida se nos afigura a novidade de maior impacto, não só por constituir um incentivo à quitação do débito objeto de execução, mas sobretudo por ensejar maior celeridade na prestação jurisdicional.

Levando-se em conta que a alteração legislativa é relativamente recente, o tema ainda não encontrou pacificação na doutrina e na jurisprudência trabalhistas, dividindo-se as posições adotadas em duas correntes.

A corrente de pensamento que admite a aplicação do art. 745-A ao processo laboral fundamenta-se no fato de que tendo a Justiça do Trabalho, a partir da vigência da Emenda Constitucional 45/05, competência para julgar e executar tudo o que envolva controvérsias decorrentes da relação de trabalho, subordinado ou não, tornou-se possível a execução de créditos decorrentes da prestação de serviço humano representados por títulos executivos extrajudiciais previstos no art. 876 da CLT.

Com efeito, a execução trabalhista de crédito instrumentalizado em título extrajudicial, que tenha como origem a prestação de serviço humano ou norma legal que reconheça como sendo da competência da Justiça do Trabalho[37], é perfeitamente compatível com o comando inserto no art. 745-A do CPC, por força do que dispõe o parágrafo único do art. 8º da CLT, assim como o disposto no art. 769 do diploma consolidado.

Vale observar que magistrados do TRT da 19ª Região, em documento denominado *Carta de Maceió*[38], assinado em 13.04.2007, aprovaram, dentre outros, o enunciado n. 17, com o seguinte teor:

> RECONHECIMENTO DO CRÉDITO DO EXEQUENTE POR PARTE DO EXECUTADO. PARCELAMENTO DO ART. 745-A DO CPC. COMPATIBILIDADE COM O PROCESSO DO TRABALHO. DESNECESSIDADE DE CONCORDÂNCIA PRÉVIA DO EXEQUENTE. É compatível com o Processo do Trabalho a norma do artigo 745-A do Código de Processo Civil. O deferimento desse parcelamento independerá da concordância do exequente, cabendo ao juiz decidir acerca das vantagens da proposta para a satisfação do crédito exequendo, podendo, para tanto, ouvir o credor.

Para a segunda corrente, entretanto, o disposto no art. 745-A do CPC não pode ser aplicado na execução trabalhista, pois nessa fase processual o direito já passou a integrar o patrimônio do credor, e neste caso, o parcelamento do crédito, que poderá ocorrer em até mais de seis parcelas, somente é admissível por meio de acordo firmado entre as partes. Esta é a posição de *Francisco Antonio de Oliveira*[39].

---

(37) São exemplos desses títulos de créditos: o contrato de prestação de serviços de empreitada e o termo de ajustamento de conduta firmados perante o Ministério Público do Trabalho.
(38) Disponível em: <http://www.trt19.jus.br/misc/pdfs/cartamaceio> Acesso em: 11 dez. 2008.
(39) Comentários à Lei n. 11.383/06 – Fatores positivos e negativos – Reflexos positivos na eficácia da sentença condenatória – Subsídios para a execução trabalhista. *Revista LTr*, v. 71, n. 03, p. 279, mar. 2007.

Em nossa compreensão, apesar de o legislador do art. 745-A ter avançado no sentido de propiciar a satisfação do crédito em menor espaço de tempo, teria andado melhor se tivesse exigido expressamente a concordância do credor, daí a doutrina sustentar que a interpretação da norma requer temperamentos. Dessa forma, se afastada a ideia de que o parcelamento do débito constitui direito do devedor, e desde que ouvido o credor, entendemos perfeitamente aplicável referido dispositivo à execução trabalhista fundamentada em título executivo extrajudicial, pois o parcelamento busca acelerar a entrega da prestação jurisdicional ao trabalhador, compatível, portanto, com os princípios informativos do processo laboral, além do que há omissão deste quanto à matéria disciplinada no citado artigo.

6. O processo de execução trabalhista sob nova ótica

6.1. Preliminares

Examinadas as dificuldades que incidem no processo de execução trabalhista, foram apresentadas as alterações legislativas ocorridas no processo civil relativamente ao processo de execução no sentido de aquilatar se essa evolução normativa teria levado as regras do processo de execução laboral a um estado retrógado, assim como se tais inovações poderiam trazer algum benefício para o âmbito processual trabalhista. O que se constatou, porém, foi a fragilidade da aplicação dessas alterações na execução trabalhista, além do que muitas das atuais regras civilistas tiveram inspiração na própria norma processual do trabalho.

Dessa forma, é chegado o momento de recolocarmos o problema que nos propusemos a tratar nesta investigação, agora, entretanto, sob outra perspectiva, sendo a esta empreitada que dedicaremos a última parte de nosso estudo.

Na tentativa de reposicionarmos o problema da execução trabalhista pátria, partiremos a seguir da análise de duas variantes: a primeira alude ao direito comparado, no que se refere à reforma da ação executiva no sistema processual português; e a segunda diz respeito à formação de um Código de Processo do Trabalho inspirado na doutrina culturalista.

6.2. A reforma da ação executiva no sistema português

Inicialmente, gostaríamos de observar as razões pelas quais escolhemos o sistema português e não, por exemplo, o sistema argentino, que, além de latino-americano, compartilha conosco a tradição romano-germânica. A exclusão do direito processual argentino como paradigma prende-se, sobretudo, ao fato de que ele não estabelece um paralelo com nosso sistema processual, uma vez que, diferentemente do Brasil, que adota legislação de natureza federal, na Argentina, a Constituição Nacional possibilita a cada um dos Estados, conhecidos como *Províncias*, individual e autonomamente, estabelecer preceitos processuais próprios, revelando um direito com muitos aspectos.

Elegemos o sistema português como modelo não apenas por existir um paralelismo com o nosso sistema processual civil, que dele se origina, mas, especialmente, porque a ação executiva do processo civil português passou por modificações significativas implementadas inicialmente pelo Decreto-Lei n. 38/2003, posteriormente alterado pelo Decreto-Lei n. 199/2003. Com isso, o sistema português procurou equiparar-se aos sistemas adotados pelos demais países integrantes da União Europeia, tais como a França, Itália etc. Essa, também, é a razão pela qual limitaremos nossa pesquisa exclusivamente ao sistema luso, já que ele reflete outros sistemas europeus.

O exame da experiência portuguesa contribui para estabelecermos uma breve linha comparativa com alterações que foram empreendidas em nosso sistema processual civil, e a partir daí avaliar se alguns pontos podem servir de referência para aperfeiçoar a execução trabalhista, sem deslembrar, contudo, a advertência de *Miguel Reale*[1], para quem "o Direito Comparado não pode se reduzir ao mero confronto de códigos e leis de diversos povos, sem se levar em conta as estruturas sociais e políticas de cada um deles".

Com efeito, segundo relato de *Miguel Teixeira de Souza*[2], as alterações substanciais provocadas pela reforma portuguesa foram mais sentidas no regime de execução para pagamento por quantia certa, deixando-se praticamente intocado o regime das execuções para "entrega de coisa certa e para prestação de facto", em suas palavras:

> O novo regime da acção executiva obedece, genericamente, às seguintes linhas orientadoras: "desjudicialização" do procedimento de execução, efetividade das medidas de execução, acentuação do favor creditoris, imposição de responsabilidade do exequente por execuções indevidas, ampliação do dever de cooperação do executado e, por fim, preocupação com a transparência patrimonial.

Com a denominada desjudicialização ocorreu a repartição das funções executivas entre o agente da execução (ou o solicitador), a quem cabe efetuar todas as diligências do processo de execução, incluindo citações, notificações e publicações, penhora de bens, venda dos bens penhorados e as operações relativas ao pagamento da dívida exequenda, e o juiz da execução, a quem incumbem os atos de julgamento, inclusive das atividades do agente da execução, e o poder geral de controle do processo executivo, isso tudo sem contrariar a reserva de jurisdição inerente aos tribunais mercê de o agente não ter competência para decidir quaisquer conflitos de interesses entre as partes na execução.

Como se vê, tal reforma pretendeu reduzir a atuação do juiz e da administração pública da Justiça, dando origem à figura do agente de execução, cujas funções são exercidas pelo solicitador de execução. Embora não sejam advogados, "isto é, licenciados em Direito inscritos na Ordem dos Advogados", os solicitadores mesclam atividades de advogados, procuradores e consultores jurídicos.

---
(1) *Lições preliminares de direito*, p. 309.
(2) *A reforma da acção executiva*, p. 13.

A nova especialidade dos solicitadores, denominada "solicitador de execução", submete-se à formação própria e estatuto disciplinar específico, sendo investidos de poderes públicos no âmbito da ação executiva. Como não atuam como mandatário das partes, sujeitam-se à tabela específica de honorários. O exequente que não puder arcar com tais despesas pode beneficiar-se do "apoio judiciário" que lhe garante tanto a nomeação quanto o pagamento da remuneração do solicitador designado.

A figura do solicitador de execução foi inspirada no *huissier de justice* do sistema francês, adotado por algumas ordens jurídicas europeias[3], e adaptada à realidade lusa. Existe uma organização denominada Union Internationale des Huissiers de Justice – UIHJ, a qual reúne cerca de 65 países, sendo a maior parte europeus, e os demais pertencentes à África, ao continente americano e à Ásia, que desenvolve esforços no sentido de aprimorar o direito processual dos diversos países-membros, atuando em missões de avaliação junto de governos e de organismos internacionais, e da qual faz parte a Câmara dos Solicitadores de Portugal[4].

A UIHJ contribui decisivamente para a estruturação das atividades dos agentes de execução em diversos países, procurando estabelecer que as organizações de agentes de execução sejam integradas por profissionais com elevado nível de habilitações jurídicas, estimulando sua formação por meio do intercâmbio das "experiências e realidades dos diversos países-membros". Tal associação intenta, ainda, influenciar e assegurar a eficácia da execução das decisões judiciais.

A atividade dos solicitadores de execução obedece a um rigoroso regime de incompatibilidades e impedimentos, não podendo exercer o mandato forense em processo executivo, tampouco exercer a atividade por conta de entidade empregadora, no âmbito do contrato de trabalho, sendo-lhe permitido desenvolver em seu escritório apenas os trabalhos de "solicitadoria de execução". Excluem-se de sua competência a execução de custas processuais, que ficam a cargo do oficial de justiça, o qual também pode exercer a função de agente de execução nas comarcas onde não houver solicitador de execução.

Dentre as razões apontadas como justificadoras da criação da figura do agente de execução, pode-se destacar o fato de promoverem a eficácia e celeridade dos tribunais, com intervenção rápida, proximidade dos tribunais e dos parceiros judiciais, garantia de cumprimento das decisões da justiça e transmissão de confiança aos operadores judiciários. Contudo, sua implantação em Portugal foi duramente criticada pela doutrina, que via nos novos solicitadores ausência de preparo, além de insuficiência estrutural para a inserção do novo sistema, pontos negativos que atribuíam ao açodamento para entrada em vigor da nova lei.

---

(3) Consoante Miguel Teixeira de Souza, adotam esse sistema: França, Alemanha e Áustria. *A reforma da acção executiva*, p. 14.
(4) Câmara dos Solicitadores. Dia Mundial do Agente de Execução. Disponível em: <http://www.solicitador.net/fichaNoticia.asp.> Acesso em: 18 ago. 2008.

O exequente pode, no próprio requerimento executivo, designar o solicitador de execução, dependendo, para tanto, de sua aquiescência. Deixando de fazê-lo, compete à secretaria do tribunal proceder a designação do solicitador, independentemente de sua aceitação. Conforme explica *Teixeira de Souza*[5], o solicitador de execução é uma entidade privada que exerce funções públicas, as quais podem ser controladas mesmo *ex officio* pelo juiz da execução, exceção feita aos atos que se situam no espaço de discricionariedade do agente de execução.

Não se pode, contudo, deixar de observar que a dupla função do solicitador de execução acaba por acarretar no mínimo duas novas e colidentes relações, a saber: uma, entre o solicitador e o juiz; outra, entre ele e o cliente. É que nem todos os juízes veem com bons olhos o agente de execução, considerando-o muitas vezes mais um intruso do que um auxiliar imprescindível. Por outro lado, a possibilidade de o solicitador estabelecer certa proximidade com o cliente poderá descaracterizá-lo como órgão independente e imparcial.

A doutrina portuguesa sustenta que a reforma da ação executiva não dispensou o poder de execução do Estado, tampouco privatizou a execução, que continua sendo um processo jurisdicional pertencente ao domínio do direito público. A chamada "desjudicialização" provocou apenas a atribuição de funções executivas a órgãos privados. Disso decorre que, feito o requerimento executivo perante o tribunal competente, a execução poderá tramitar integralmente sem qualquer intervenção do juiz da execução.

Após a entrada em vigor da reforma, com o escopo de liberar os tribunais das ações executivas, foram criados "juízos de execução", com competência específica para as ações executivas cíveis, os quais tiveram início nas comarcas de Lisboa e do Porto, por registrarem maior número de pendências.

Argumenta-se que a alavancagem da citada reforma teve como epicentro a criação da nova profissão jurídica em Portugal, qual seja, o solicitador de cobrança de dívidas. Posteriormente, em 2004, estabeleceu-se que apenas os advogados e solicitadores podem exercer o mandato e a representação profissional, e, em 2006, foram alargadas as competências dos solicitadores de execução "para a prática de reconhecimentos de assinaturas simples, através da presença ou assinaturas por semelhança", podendo, ainda, autenticar documentos particulares[6].

O modelo atual mantém a antiga estrutura dual do processo executivo, na qual são separadas as atividades de execução e de julgamento, remetendo-se a esta os denominados "incidentes declarativos da execução".

Com o objetivo de conferir efetividade às medidas executivas e consequentemente intensificar a satisfação do crédito exequendo, foram adotadas várias

---
(5) *Op. cit.*, p. 18.
(6) Câmara dos Solicitadores. Uma reforma executiva. Disponível em: <http://www.solicitador.net/fichaNoticia.asp.> Acesso em: 20 nov. 2008.

providências, das quais merece destaque a possibilidade de dispensa do despacho liminar do juiz da execução no requerimento executivo, diferindo com isso a citação para ocasião posterior à da realização da penhora; bem como a dispensa de citação prévia pelo juiz da execução toda vez que haja receio de prejuízo à garantia patrimonial, ou quando a citação do executado apresente especial dificuldade de realização. Discorrendo sobre essas alterações, *Miguel Teixeira de Souza*[7] assim se manifesta:

> Uma das consequências mais marcantes do diferimento da citação do executado para um momento posterior ao da efectivação da penhora é a do correspondente diferimento da oposição do executado (cfr. Art. 813º, n. 1). Isto significa que, em comparação com o regime anterior, se acentuou com a reforma da acção executiva a "inversão do contencioso", ou seja, a regra de que primeiro decide-se ou executa-se e depois ouve-se a parte atingida.

Coexistem, assim, três formas de citação: a citação antecipada, que ocorre num momento preliminar da execução, quando são realizadas as diligências necessárias para tornar a obrigação líquida e exigível, podendo o executado opor-se à execução sem a efetivação da penhora; a citação prévia, denominada citação-intimação, realizada antes da penhora, ou na hipótese de o executado ser citado para indicar bens à penhora; e a citação diferida, que se dá quando inexiste despacho liminar ou na hipótese de existência deste, a citação prévia do executado é dispensada. O diferimento da citação do executado para momento após a concretização da penhora constitui aspecto fundamental da reforma, tornando-se praticamente a regra da citação.

Dessa forma, no sistema vigente português, existe a possibilidade de o executado opor-se à execução, após a citação, tenha ou não sido efetuada a penhora, preferindo responsabilizar o exequente pelos danos culposamente causados ao executado. Fazendo-se uma breve comparação com nosso sistema processual civil, iremos encontrar regra semelhante na execução de título extrajudicial, na qual os embargos poderão ser opostos sem necessidade da segurança do juízo, por força do que dispõe a nova redação dada pela Lei n. 11.382/06 ao art. 736 do CPC.

Por outro lado, a questão dos atos de execução ficarem a cargo do agente de execução não nos é totalmente estranha, na medida em que também já contamos com expediente de expropriação por meio diverso da hasta pública. É o que ocorre, por exemplo, nos Juízos Especiais Cíveis e Criminais, cujo art. 52, item VII, da Lei n. 9.099/95, que dispõe sobre a matéria, prevê que "o juiz poderá autorizar o devedor, o credor ou terceira pessoa idônea a tratar da alienação do bem penhorado". Em idêntica direção, a atual redação do *caput* do art. 686 do CPC, dada pela Lei n. 11.382/06, determina que a hasta pública ocorrerá apenas quando não for requerida a adjudicação do bem pelo credor ou não for efetivada a alienação por iniciativa particular.

---

[7] *Op. cit.*, p. 22.

Já no que se refere à execução trabalhista, o Código de Processo do Trabalho Português, ao regulá-la, dispôs sobre duas formas distintas para seu processamento, conforme se trate de sentença de condenação por quantia certa ou em outro título (art. 50º do CPT). A instauração oficiosa do processo executivo está prevista no art. 89º do CPT, que regula a execução baseada em sentença de condenação por quantia certa, determinando que o credor, desde logo, nomeie bens à penhora sem necessidade de citação do executado, significando que somente após a penhora o devedor pode deduzir oposição (art. 91º do CPT).

Entretanto, como adverte *Albino Mendes Batista*[8], o art. 76º do CPT prevê que a parte condenada seja notificada da sentença condenatória, na qual é advertida de que deve juntar ao processo documento comprovativo da extinção da dívida, nos termos e efeitos do art. 89º, notificação essa que pode ser equiparada a uma citação para ação executiva, possibilitando que a parte condenada evite a penhora de seus bens.

Ivan Alemão[9], discorrendo sobre a reforma da ação executiva em Portugal, chama a atenção para o fato de que passado um período de sua implantação ela acabou atingindo também os tribunais do trabalho, mesmo não havendo previsão no plano inicial de reforma. A incidência do novo regulamento processual civil no processo do trabalho provou muitas distorções, como, por exemplo, a necessidade do trabalhador arcar com honorários para poder receber seus créditos. Diante de tal situação, competiu ao tribunais trabalhistas portugueses a edificação complementar de soluções para o caso, no sentido de amenizar os efeitos danosos provenientes dessa desastrada aplicação subsidiária.

A reforma da ação executiva portuguesa entrou em vigor em 15 de setembro de 2003. Algum tempo depois, constatou-se que não tinham sido criadas condições estruturais necessárias para essa reforma, a começar pela carência de solicitadores de execução, não só nos grandes centros metropolitanos, como o de Lisboa e do Porto, mas, especialmente, nas demais comarcas do território português, além de uma longa lista de situações bloqueadoras do andamento célere do processo de execução. Enfim, notou-se que as grandes reformas do código, por si sós, não bastavam para resolver os problemas da justiça, era preciso proporcionar condições para seu estabelecimento.

Com efeito, o governo seguinte procurou assegurar uma série de medidas que concorressem para desembaraçar o processo de execução, tais como a criação de novos juízos de execução, de um depósito público, de aplicações informáticas mais funcionais e tramitações desmaterializadas[10]. Essas providências foram

---
(8) *Código de Processo do Trabalho anotado*, p. 222.
(9) Reforma da execução em Portugal – Desjudicialização ou privatização? *Revista LTr*, São Paulo, v. 71, n. 6, p. 708, jun. 2007.
(10) Por tramitações desmaterializadas pode-se entender a utilização de aplicações informáticas modernizadas que permitam a tramitação eletrônica dos processos, como, por exemplo, a entrega de peças processuais e consultas processuais *on-line*.

impulsionadas diante da multiplicação do fenômeno da falta de cumprimento dos contratos, tão peculiar à sociedade moderna, pautada pelo consumo de massa, que acaba desaguando em recursos massivos aos tribunais, em geral, de iniciativa dos grandes agentes econômicos.

Consequentemente, foi elaborada proposta de Lei de alteração ao Código de Processo Civil, ou seja, pretendeu-se reformar o que fora recém-reformado, argumentando o Governo português que[11]:

> É preciso, quando se reforma pela via legislativa, reformar também os procedimentos, preparar os aplicadores, formar os utilizadores de tais diplomas para os novos métodos a implementar e criar a organização necessária para as alterações.

Em setembro de 2008 foi apresentada a "Simplificação da Acção Executiva", aprovada no Conselho de Ministros, pelo Ministro da Justiça de Portugal. Como o próprio nome já esclarece, tratou-se de simplificar e eliminar formalidades processuais. A maior parte das novidades introduzidas está prevista para entrar em vigor no final de março de 2009.

Dentre as novas medidas adotadas, pode-se destacar, inicialmente, a eliminação da intervenção do juiz e da secretaria em atividades meramente burocráticas, que envolviam o tribunal, o mandatário e o agente de execução, como, por exemplo, receber e analisar relatório dos agentes de execução a respeito de diligências efetuadas e as razões pelas quais a penhora foi frustrada, reservando-se, assim, a intervenção do juiz para situações conflitantes, tais como apreciar uma oposição à execução ou à penhora.

Em segundo lugar, foi garantido ao exequente substituir livremente o agente de execução, sem necessidade de autorização judicial. Criou-se um órgão fiscalizador da atuação desses agentes. Para aumentar o número de agentes de execução e possibilitar o direito de escolha ao exequente, foi estendido o exercício dessa função também aos advogados, sem prejuízo de formação adequada. Em consequência, alterou-se o regime de incompatibilidades, impedimentos e suspeições dos agentes de execução.

Em terceiro lugar, introduziram-se mecanismos de resoluções alternativas de conflitos, como a possibilidade de utilização da arbitragem institucionalizada na ação executiva, na qual podem ser adotadas decisões de natureza judicial, bem como efetuar atos materiais de execução.

Com o escopo de evitar ações judiciais desnecessárias, criou-se uma espécie de lista negra, chamada "lista pública" e disponibilizada na internet, na qual constam dados sobre execuções frustradas por falta de bens penhoráveis. Sustenta-se

---
(11) Proposta de Lei de alteração ao Código do Processo Civil. Disponível em: <http://www.portugal.gov.pt/portal/pt/governos> Acesso em: 07 nov. 2008.

tratar de um elemento "dissuasor" para a falta de cumprimento das obrigações, além de evitar processos judiciais inviáveis, cuja pendência perturba a tramitação de outros processos realmente necessários, comprometendo a efetividade do acesso à justiça. Dessa forma, o fornecimento público desses dados não só contribui para a revelação de situações de dívidas incobráveis, prevenindo-se ações judiciais inúteis, como também auxilia as partes na decisão de contratar.

Decorrido um período superior a cinco anos, as informações são excluídas da lista pública. É garantida ao executado uma oportunidade final para cumprimento de sua obrigação, abrindo-lhe, ainda, a possibilidade de aderir a um plano de pagamento, além de ter prontamente corrigida qualquer informação errônea a seu respeito.

Em que pese o argumento de que a citada "lista pública" foi circundada de cautelas especiais, em nosso entender, ela é de duvidosa constitucionalidade, uma vez que a Lei Maior de Portugal, já em seu pórtico, assegura como alicerce da República a dignidade da pessoa humana, a qual representa referência unificadora de todos os direitos fundamentais.

Em linha de arremate, não se pode olvidar que todas essas alterações pelas quais passou o processo de execução em Portugal tiveram fundamentalmente dois objetivos: adaptar-se às diretrizes da União Europeia e tornar mais eficaz a cobrança judicial de dívidas. Pretendendo aumentar a eficácia e celeridade da resposta dos tribunais aos cidadãos e às empresas, procurou o legislador português simplificar ao máximo o regime da ação executiva portuguesa, eliminando formalidades consideradas desnecessárias.

Por outro lado, a inspiração de uma política neoliberal e globalizante, resultante da adesão de Portugal à União Europeia, é facilmente perceptível no que se poderia chamar de exposição de motivos da lei que autorizou a última reforma da ação executiva, cujo teor é o seguinte[12]:

> No seguimento da iniciativa do Governo foi hoje publicada a Lei n. 18/2008, que vem autorizar o Governo a alterar o regime da acção executiva de modo a contribuir para tornar mais eficaz a cobrança judicial de dívidas.
>
> Vários relatórios internacionais têm salientado que os atrasos nos pagamentos são prejudiciais à economia pois obrigam a financiamentos desnecessários, originam problemas de liquidez e são uma barreira ao comércio (European Payment Índex 2007). Uma acção executiva célere e eficiente permite, portanto, aumentar o cumprimento voluntário das obrigações, evitar custos desnecessários e atrair mais investimento estrangeiro.

Embora não se possa afirmar que a "desjudicialização" ocorrida no sistema da execução portuguesa processou-se à moda de uma privatização, posto que

---

(12) Cobrança judicial de dívidas tornada mais eficaz. Disponível em: <http://www.portugal.gov.pt/portal/pt/areasdeacçao> Acesso em: 07 nov. 2008.

o direito processual é por excelência público, não resta dúvida de que as alterações empreendidas possuem nítido caráter neoliberal. Contudo, a brutal crise financeira mundial, que emergiu fortemente a partir do último trimestre de 2008, seguramente, arranhou a "imaculada concepção neoliberal". A ideia da "menor intervenção do Estado e maior participação privada" pareceu desmoronar como um "castelo de areia". Assistiu-se, no momento de crise, que se tornou econômica, à intensa intervenção estatal, aparentemente apontando a salvação para fora dos limites do capitalismo neoliberal.

Diante desses fatos, acreditamos ser prematuro externar qualquer pensamento a respeito do sucesso ou fracasso da "desjudicialização" operada no regime da execução judicial portuguesa. Apenas a influência do tempo poderá trazer alguma elucidação. Entretanto, é possível abstrair da experiência portuguesa que somente a alteração legislativa não basta para tornar a ação executiva mais célere e eficiente.

6.3. Elaboração de um código de processo do trabalho inspirado na doutrina culturalista

Existe uma grande concentração de esforços direcionados à reforma do direito material do trabalho, que indubitavelmente se reveste da maior importância. Entretanto, no que diz respeito à reforma do direito processual do trabalho, que se encontra no mesmo patamar de necessidade, o mesmo não ocorre, como se a completude da efetividade do direito dos trabalhadores prescindisse de qualquer norma processual.

Quer nos parecer que o momento é mais do que oportuno para nos contrapormos a uma aplicação generalizada e muitas vezes indevida das normas do processo civil ao processo do trabalho. Nesse ponto, a criação de um Código de Processo do Trabalho apresenta-se de fundamental relevância.

Reformas parciais da CLT, mesmo se tratando de uma consolidação e não de um código, não trazem bons resultados, além do risco da desarticulação textual. *Carreira Alvim* e *Alvim Cabral*[13], discorrendo sobre as reformas ocorridas no Código de Processo Civil, ressaltam a desarmonia ocorrida entre alguns preceitos alterados e outros que lhe são conexos. Boa parte da doutrina chega a sustentar que a fragmentação normativa imposta por sucessivas reformas pelas quais passou o CPC retirou-lhe a qualidade de um código. Outros ainda afirmam que o CPC vem se transformando paulatinamente em uma Consolidação de Leis.

Todos esses fatos não devem permanecer desapercebidos no âmbito trabalhista, ainda que se entenda que as reformas no processo civil só foram realizadas porque tópicas e sucessivas.

---
(13) *Cumprimento da sentença*, p. 16.

Na elaboração de um código, a par da transposição das fases representadas por "leis esparsas, coletâneas de leis e consolidação de leis", é preciso, ainda, levar em conta realidades científicas já concretizadas, isto é, não se pode partir do nada, mas sim aproveitar o conhecimento científico anterior já dotado de assentamento e solidez, para, então, lançar uma perspectiva do direito adequada aos tempos modernos. Foi o que fez *Miguel Reale*, com relação ao atual Código Civil, também conhecido como Código Reale.

A adoção do princípio conservador, que resultou na modificação do Código Civil revogado tão somente nos aspectos necessários a sua modernização, tais como os concernentes às inovações científicas, tecnológicas, econômicas e, sobretudo, sociais, que se sucederam no correr do século passado, mantendo-se, por outro lado, os bens culturais reconhecidos e aceitos pela sociedade, traduz as ideias culturalistas.

O culturalismo é um movimeno filosófico que se manifestou originariamente na Alemanha a partir do neokantismo. Trata-se de uma corrente de pensamento que tem na cultura o paradigma central das ciências e da filosofia. Os objetos e os fatos da natureza, uma vez transformados pela inteligência humana, incorporam valores e assumem significados, revelando-se objetos e fatos culturais. O culturalismo buscará estudar toda a cultura e a experiência para se chegar ao conhecimento do Direito.

Consoante relato de *Antonio Paim*[14], o culturalismo é um movimento bastante complexo que teve seu curso histórico interferido pelos reflexos das duas grandes guerras mundiais. Contudo, a despeito das tragédias vividas no século XX pelo país onde se originou, manteve duração "relativamente longa na própria Alemanha", repercutindo em outros países, inclusive, o Brasil, cujo marco inicial ocorre no século XIX, com a fundação da Escola do Recife, derivada da obra e pensamento de Tobias Barreto.

A reflexão do jusfilósofo sergipano é amparada em premissas antropológicas que destacam a cultura como elemento primordial para a criação e compreensão do fenômeno jurídico.

No Brasil, após a segunda Guerra Mundial, essa corrente teve grande impulso mercê do pensamento de *Miguel Reale*, que reorientou as diferentes tradições filosóficas em direção a uma interlocução centrada nos valores e no mundo da cultura. Em 1940, ao conquistar a cátedra de Filosofia do Direito da Faculdade de Direito de São Paulo, apresentando a tese *Os fundamentos do Direito*, Reale estabeleceu as bases que iriam garantir ao culturalismo o destacado lugar que viria a ocupar nas reflexões contemporâneas.

Desta forma, estavam lançados os alicerces para o desenvolvimento de sua Teoria Tridimensional do Direito, a qual iniciaria uma nova fase na doutrina jurídica

---
(14) *Problemática do culturalismo*, p. 15-17.

nacional. Em seu discurso de posse na Faculdade de Direito, *Reale* ainda não empregava o termo "Teoria Tridimensional do Direito e do Estado", mas falava em "caráter bidimensional do Direito".

A esse respeito, esclarece o jusfilósofo[15] que, com o amadurecimento de seu pensamento, percebeu a necessidade de se considerar o valor como *tertium genus* de objeto e não limitá-lo a um "objeto ideal", que impediria uma visão além da bidimensionalidade, onde o fato é considerado simples apoio à norma jurídica e o valor empregado unicamente como "elemento de qualificação da norma e seu complemento". Por essa razão, passou a discordar das teses de Scheler e Hartmann sobre valores ideais, reconhecendo a autonomia do valor, e inferindo que uma correlação dialética entre fato, valor e norma tornava-se imprescindível.

Destarte, diferentemente de outros culturalistas, *Reale* levanta a ideia de uma dialética de complementaridade, onde natureza e cultura se complementam, não se excluem, são, antes, contrários que polarizam, exigindo-se mutuamente.

Consoante as observações de *Pedro Calafat*[16], *Miguel Reale* sempre enfatizou que o culturalismo pátrio é um movimento filosófico que, além de manter suas atenções voltadas para os valores universais, concentra-se na "circunstancialidade brasileira", pois são os valores culturais que possibilitam ao país solver seus problemas de desenvolvimento.

Para *Reale*, a superioridade do Culturalismo Jurídico, em relação a outras doutrinas que tratam da natureza e do fundamento do Direito, está no fato de que esse movimento filosófico aprecia a vida jurídica em toda a sua expressão, e não apenas como norma, ou fato social, esclarecendo o seguinte[17]:

> O Direito é uma realidade tridimensional, que apresenta um *substratum* "fático" (dado de natureza, circunstância histórica etc), no qual se concretizam valores de cultura, e, ao mesmo tempo, é norma que integra em unidade superior o processo incessante de atualização de valores. Com justificado paralelismo, podemos afirmar que a concepção do Direito como fenômeno de cultura, dotado indissoluvelmente de conteúdo social e de estrutura formal – elementos estes que se subordinam a um valor a realizar – representa uma "Terza Scuola" frente às correntes antagônicas do normativismo e do sociologismo jurídicos. Em verdade, o culturalismo, procedendo a uma crítica objetiva dessas duas correntes, integra-as e supera-as em uma unidade nova, buscando a apreciação completa e orgânica dos elementos do Direito, afastada, de um lado, a preferência do jurista sociólogo pelo fato, e, do outro, a unilateralidade dos juristas técnicos seduzidos pela norma, vista esta como mero juízo lógico posto pelo governante.

---
(15) *Teoria tridimensional do direito*, p. 59-60.
(16) Instituto de Filosofia Luso-Brasileira. O pensamento de Miguel Reale. *Actas do IV Colóquio Tobias Barreto*, p. 154.
(17) *Horizontes do direito e da história*, p. 266-267.

O Culturalismo importará ao Direito vigente na medida em que ocorrer sua positivação, e, entre nós, esse fenômeno já ocorreu com a promulgação do Código Civil de 2002. Cumpre observar que a expressão "positivação", ora utilizada, está organicamente ligada ao processo de conferir positividade a um valor, não guardando qualquer relação com o positivismo lógico kelsiano.

Partindo-se dessa perspectiva, o Direito só pode ser entendido em permanente vinculação com valores sociais e éticos, posto que pertence ao reino da cultura e não pode ser explicado segundo suas causas. É da essência do Culturalismo a aceitação do que decorre da experiência humana e consequentemente cultural, ou seja, no mundo da cultura não há espaço para invencionismo.

A sociedade se insere num contexto dinâmico, surgindo a todo momento ideologias novas que repercutem nos valores culturais, os quais exteriorizam-se por meio da legislação. Esses valores culturais são impregnados de uma carga de preceitos éticos que acabam por provocar um forte impacto no ordenamento jurídico.

No que se refere ao direito processual, durante muito tempo prevaleceu a ideia de que tal ciência, enquanto simples instrumento de realização do direito material, deveria ficar afastada do meio social, uma vez que precisaria conferir previsibilidade a todo procedimento.

Daniel Francisco Mitidiero[18], discorrendo sobre as notas fundamentais do direito processual civil contemporâneo, aponta primeiramente o reconhecimento de que o direito integra a cultura do povo, sujeitando-se, portanto, ao movimento alternado da vida social, e, em seguida, destaca a constitucionalização das normas jurídicas essenciais do processo, bem como a concepção de que o processo tem de "reagir ao direito material, instrumentalizando-o a contento". Para o autor, a disposição dessas características tem como escopo superar "a vazia autonomia que o direito moderno impôs ao processo".

Sabidamente, o direito processual é um dos ramos do direito que mais se ajusta à relação "direito e cultura", posto que muito próximo às ocorrências da vida humana, daí a afirmação de que as particularidades de um povo influenciam na edificação dos institutos jurídico-processuais.

Esse raciocínio é corroborado por *Mitidiero*[19], para quem a estrutura do processo civil está atrelada a uma "escolha de natureza política" e não à mera adaptação técnica "do instrumento processual a um objetivo determinado", revelando a indestrutível ligação entre o processo civil e a cultura social.

Nas mesmas lições, destaca que o direito processual civil fundamentalmente passou por três posturas metodológicas, a saber: praxismo, processualismo e formalismo-valorativo[20].

---
(18) *Elementos para uma teoria contemporânea do processo civil brasileiro*, p. 11.
(19) *Op. cit.*, p. 13-17.
(20) *Op. cit.*, p. 16-21.

O primeiro movimento é descrito como a pré-história do processo civil, anterior, portanto, ao aparecimento da própria ciência processual, onde se reúnem todas as manifestações culturais. Ao praxismo seguiu-se o processualismo, cujo maior objetivo foi tecnicizar o direito e despolitizar seus operadores, resultando num processo civil de índole meramente técnica, contrário a valores, o qual foi posteriormente substituído pelo formalismo-valorativo. Por meio dessa última tendência cultural, o processo perde sua conotação de simples instrumento técnico de realização do direito material para alcançar igualmente valores constitucionais.

A respeito do formalismo-valorativo, *Mitidiero*[21] assim se manifesta:

O formalismo-valorativo no Brasil desembarca com a Constituição de 1988. É nela que devemos buscar as bases de um processo cooperativo, com preocupações éticas e sociais.

A doutrina moderna reconhece no formalismo-valorativo o melhor caminho para apreciar o direito processual contemporâneo, ressaltando que tal método evidencia o "imbricamento" entre o processo, a Constituição e a cultura.

Pelas razões até aqui expendidas, acreditamos que somente a elaboração de um Código de Processo do Trabalho inspirado na doutrina culturalista, que permite a concretude da captação de valores na experiência jurídica, é capaz de atender à necessidade de um processo adequado, tempestivo, efetivo e justo, como exige a lide trabalhista.

Por outro lado, nenhuma dúvida paira sobre a concepção de que já há experiência suficiente para que seja concretizada relevante tarefa legislativa. Dessa forma, o processo do trabalho encontraria o caminho para confirmar sua autonomia e liberar-se da dependência marcante e, não raro, maléfica do processo civil, voltando a ocupar lugar inovador e vanguardista.

Assim sendo, longe de se pretender demonstrar forma única e correta para sanar as dificuldades do processo de execução trabalhista, nosso pensamento é de que a elaboração de um Código de Processo do Trabalho, no qual o processo de execução fosse regulado de forma cabal, seria medida de muito bom-senso. A ideia de que a realidade temporal do processo legislativo desestimula qualquer ação nesse sentido deve ser tenazmente combatida, pois, à da do ditado indiano, "por maior que seja a jornada, ela sempre iniciará com meiro passo".

ma teoria contemporânea do processo civil brasileiro, p. 38.

Conclusão

A Justiça do Trabalho, desde a sua criação, mantém estrita sintonia com a justiça social e a valorização da pessoa humana, como se fossem ligadas de forma umbilical. A aplicação de um direito material permeado por questões públicas, como é o direito do trabalho, exige um processo rápido e eficaz.

O direito processual do trabalho surgiu historicamente depois do direito material do trabalho, com o escopo de realizar efetivamente o direito material quando não cumprido de forma voluntária. Criou-se, assim, um procedimento próprio na CLT, assinalado pela celeridade, simplicidade e acessibilidade, para atender à especificidade do direito material trabalhista.

A inclusão de normas de direito material e processual do trabalho num mesmo diploma legal trouxe prejuízos para ambos os ramos do direito, mas, sobretudo, para o direito processual trabalhista, que se viu repleto de lacunas e imprecisões. Não se pode deslembrar, contudo, que o direito processual do trabalho foi estruturado num período em que a própria ciência processual era incipiente, daí as imperfeições que impregnaram o texto processual celetista.

A inclusão tardia da Justiça do Trabalho no Poder Judiciário comprometeu sensivelmente o desenvolvimento do processo de execução trabalhista, uma vez que, enquanto órgão administrativo, a Justiça do Trabalho não tinha poderes para executar suas próprias sentenças. Nesse contexto, ao contrário do processo de cognição que ia sendo incrementado com regras próprias, o processo de execução despertava pouca ou nenhuma atenção do legislador.

A deficiência de regramentos próprios provocou a assistematização do processo de execução trabalhista, que, em linha gerais, foi planejado meramente em torno da premissa da celeridade processual, provocando, com isso, uma contumaz dependência à normatização estranha a sua especificidade.

Nessa conformidade, a execução trabalhista encontra-se, na atualidade, regulada por quatro normas legais (CLT; Lei n. 5.584/70; Lei n. 6.830/80; e CPC de 1973), submetendo-se, assim, não apenas às regras procedimentais trabalhistas, mas também às fiscais e do processo comum, as quais possuem características diferentes, o que causa enorme desarmonia, revelada em regras mal-aplicadas e interpretações desencontradas.

O desenvolvimento social e econômico ocorrido ao longo dos anos demortrou que as estruturas processuais eram inadequadas para suprirem a crescer quantidade de litígios, impondo-se a necessidade de reforma processualística. Para melhorar a prestação jurisdicional, os três Poderes do Estado subscreveram, em 15 de dezembro de 2004, o Pacto de Estado em favor de um Judiciário mais rápido e Republicano, resultando na promulgação da Emenda Constitucional 45/2004.

A reforma infraconstitucional do Poder Judiciário contou com a elaboração de propostas de alterações na legislação processual civil, penal e do trabalho. O interesse dos grandes agentes econômicos, essencialmente, levou o legislador a dar muito maior atenção às reformas do direito processual civil, relegando a reforma do direito processual do trabalho a um segundo plano.

A influência mais relevante para a consecução de uma prestação jurisdicional justa e efetiva emana do processo de execução, por essa razão os grandes esforços de reformas legislativas concentraram-se nesse tema, já que ficou constatado que o fortalecimento do conjunto de normas de direito material era insuficiente para a pacificação concreta do conflito.

A reforma do processo civil, que se desenvolveu ao longo de praticamente duas décadas, em sucessivas etapas, por meio de leis esparsas, deu novo contorno à arquitetura do Código de Processo Civil, mormente no que se refere ao processo de execução.

Imprimiu-se à execução civil uma nova dinâmica, que objetivou reduzir ao máximo as formalidades processuais que representavam verdadeiras armadilhas dispostas a emperrar a justiça e subverter o direito. Foi essa a função da Lei n. 11.232/05, que procurou tornar a execução mais rápida e republicana, criando uma estrutura inspirada no teor do inciso LXXVIII do art. 5º da Constituição Federal.

Com as alterações empreendidas pela Lei n. 11.232/05, o processo de conhecimento e o processo de execução, numa volta ao passado, passaram a formar uma unidade, dando fim à autonomia do processo de execução fundado em sentença civil condenatória, o qual sobreviveu apenas em relação à Fazenda Pública, já que essa onda de efetividade não alcançou o Poder Público, apesar de notoriamente reconhecido como protelador do andamento judicial.

Concluindo o terceiro ciclo de reformas da legislação processual civil, a Lei 11.382 alterou a sistemática do processo de execução, o qual, a rigor, ficou inado à execução de títulos executivos extrajudiciais.

As reformulações legais firmadas no processo de execução civil exacerbaram etações dos operadores jurídicos no âmbito trabalhista, que já não veem ocesso do trabalho como foi apresentado ao mundo jurídico por ocasião ão, ou seja, como um instrumento célere, dinâmico e capaz de conferir dade à prestação jurisdicional.

o, do cotejo entre o novo sistema do "cumprimento da sentença", no processo civil, e o "processo de execução trabalhista", não vislumbramos um grande abismo divisório, o que não quer dizer que a execução trabalhista prescinda de apuro técnico e adaptação aos tempos modernos para conferir o mais alto grau de efetividade ao cumprimento das sentenças, afinal, trata-se de satisfazer créditos de natureza alimentar, que são direitos que asseguram inclusão social. Dessa forma, não é justo nem legal dispensar ao credor civil, que hipoteticamente encontra-se em condições de igualdade com o devedor, proteção maior do que a dada ao credor trabalhista.

A extensão do novo modelo executivo civil ao processo do trabalho só pode ocorrer pelo caminho seguro da ordem jurídica instituída, sem truculências, sem olvidar que a CLT, bem ou mal, tem normas próprias reguladoras do processo de execução, as quais não podem ser relegadas pelo fato de existirem disposições processuais civilistas consideradas mais eficientes, sob pena de comprometer-se a segurança jurídica e a obediência ao devido processo legal. É inócuo tentar imprimir maior celeridade e efetividade a uma execução que mais adiante possa vir a ser fulminada por nulidades ou anulabilidades.

Não se pode negligenciar as garantias constitucionais para atribuir valor absoluto à efetividade. O processo só cumpre os requisitos constitucionais da efetividade e da eficiência se estiver associado à segurança, pois efetividade não se coaduna com sacrifício de direitos.

Por outro lado, embora possa trazer grandes benefícios, a alteração legislativa, por si só, não é suficiente para imprimir maior celeridade e eficiência à ação executiva, como se viu na experiência portuguesa. É necessário que a ela se agreguem estruturas administrativas adequadas.

O debate em torno da aplicação subsidiária das reformas do CPC ao processo do trabalho abre uma oportunidade ímpar para se discutir a reforma processual trabalhista, tão negligenciada pelo Poder Legislativo Federal.

A Reforma do Judiciário mudou a face da Justiça do Trabalho, mormente por ter alargado seu perímetro de competência, o que demanda adequação processual.

Filiamo-nos à teoria dualista, que sustenta a autonomia do direito processual do trabalho perante o processo comum, e, acolhendo antiga aspiração dos que atuam na justiça laboral, aventamos que seria ideal se também existisse um Código de Processo do Trabalho, com institutos próprios, ágeis e eficientes, dispostos a viabilizar efetivamente o direito material já reconhecido. Melhor ainda se a elaboração desse Código for inspirada na doutrina culturalista, pois maiores serão as possibilidades de atender às necessidades da lide trabalhista, liberando-se, assim, da influência, nem sempre benéfica, do processo civil, e firmando, finalmente, sua identidade.

Referências bibliográficas

ALVIM, Arruda; ALVIM, Eduardo Arruda (coords.). *Atualidades do processo civil*. 1. ed. 2. tir. Curitiba: Juruá, 2007. v.I.

ALVIM, José Eduardo Carreira. *Alterações do Código de Processo Civil*. 2. ed. rev. e atual. Rio de Janeiro: Impetus, 2006.

_____; CABRAL, Luciana Gontijo Carreira Alvim. *Cumprimento da sentença*. Curitiba: Juruá, 2006.

ASSIS, Araken. *Manual da execução*. 11. ed. rev. amp. e atual. São Paulo: Revista dos Tribunais, 2007.

_____. *Cumprimento da sentença*. Rio de Janeiro: Forense, 2006.

BARROS, Alice Monteiro de (coord.). *Compêndio de direito processual do trabalho*. São Paulo: LTr, 1998.

BATALHA, Wilson de Souza Campos. *Tratado de direito judiciário do trabalho*. 3. ed. rev. aum. e atual. São Paulo: LTr, 1995. v. I e II.

BOBBIO, Norberto. *Teoria do ordenamento jurídico*. Trad. Maria Celeste CJ. Santos; rev. tec. Claudio de Cicco; apres. Tércio Samapaio Ferraz Junior. 10. ed. Brasília: Editora Universidade de Brasília, 1999, reimpressão 2006.

BRUSCHI, Gilberto; SHIMURA, Sérgio. *Execução civil e cumprimento da sentença*. São Paulo: Método, 2007. v. 2.

CANOTILHO, J. J. Gomes; MOREIRA, Vital. *Constituição da República Portuguesa anotada*. 2. ed. rev. e amp. Coimbra: Coimbra Editora, 1984.

CARPI, Federico; COLESANTI, Vittorio et al. *Commentario breve al Códice di Procedura Civile*. 4. ed. Casa Editrice Dott. Antonio Milani, 2002.

CARRIÓ, Genaro R. *Notas sobre derecho y lenguaje*. 4. ed. ver. amp. Buenos Aires: Abeledo Perrot, 1990.

CARRION, Valentin. *Comentários à Consolidação das Leis do Trabalho*. 24. ed. atual. e ampl. São Paulo: Saraiva, 1999.

CHAVES, Luciano Athayde. *A recente reforma do processo comum:* reflexos no direito judiciário do trabalho. 3. ed. São Paulo: LTr, 2007.

_____. (org.). *Direito processual do trabalho:* reforma e efetividade. São Paulo: LTr, 2007.

DINAMARCO, Cândido Rangel. *Instituições de direito processual civil*. 2. ed. rev. amp. atual. São Paulo: Malheiros Editores, 2004.

DI PIETRO, Maria Sylvia Zanella. *Direito administrativo*. 11. ed. São Paulo: Atlas, 1999.

GIGLIO, Wagner D.; CORREA, Claudia Giglio Veltri. *Direito processual do trabalho*. 15. ed. re atual. conforme a EC 45/2004. São Paulo: Saraiva, 2005.

MANUS, Pedro Paulo Teixeira. *Execução de sentença no processo do trabalho.* 2. ed. São Paulo: Atlas S.A., 2005.

MITIDIERO, Daniel Francisco. *Elementos para uma Teoria contemporânea do processo civil.* Porto Alegre: Livraria do Advogado, 2005.

NASCIMENTO, Amauri Mascaro. *Curso de direito processual do trabalho.* 21. ed. atual. São Paulo: Saraiva, 2002.

NERY JUNIOR, Nelson; NERY, Rosa Maria de Andrade. *Código de Processo Civil comentado.* 9. ed. rev. amp. atual. São Paulo: Revista dos Tribunais, 2006.

NEVES, Daniel Amorim Assumpção; RAMOS, Glauco Gumerato et al. *Reforma do CPC:* Leis 11.187/2005, 11.232/2005, 11.276/2006, 11.277/2006 e 11.280/2006. São Paulo: Revista dos Tribunais, 2006.

PAIM, Antonio. *Problemática do culturalismo.* 2. ed. Porto Alegre: EDIPUCRS, 1995.

_____. *História das idéias filosóficas no Brasil.* 5. ed. rev. Londrina: UEL, 1997.

PINTO, José Augusto Rodrigues. *Execução trabalhista.* 9. ed. rev. amp. atual. São Paulo: LTr, 2002.

REALE, Miguel. *O direito como experiência.* São Paulo: Saraiva, 1968.

_____. *Experiência e cultura.* 2. ed. rev. Campinas: Bookseller, 2000.

_____. *Cinco temas do culturalismo.* São Paulo: Saraiva, 2000.

_____. *Teoria Tridimensional do direito.* 5. ed. rev. reest. São Paulo: Saraiva, 2005.

ROMAR, Carla Teresa Martins. *Direito processual do trabalho.* 4. ed. São Paulo: Atlas, 2008.

RUSSOMANO, Mozart Victor. *Comentários à Consolidação das Leis do Trabalho.* 15. ed. rev. e atual. Rio de Janeiro: Forense, 1993.

SAAD, Eduardo Gabriel. *Consolidação das Leis do Trabalho comentada.* 30. ed. atual. São Paulo: LTr, 1997.

SANTOS, Ernane Fidélis dos; WAMBIER, Luiz Rodrigues et al. *Execução civil:* estudos em homenagem ao Professor Humberto Theodoro Júnior. São Paulo: Revista dos Tribunais, 2007.

SANTOS, Moacyr Amaral. *Primeiras linhas de direito processual civil.* 13. ed. atual. São Paulo: Saraiva, 1993. v. 3.

SHIMURA, Sérgio. *Título executivo.* 2. ed. atual. e amp. São Paulo: Editora Método, 2005.

SOUZA, Miguel Teixeira de. *Ação executiva singular.* Lisboa: LEX, 1998.

_____. *A reforma da acção executiva.* Lisboa: LEX, 2004.

SÜSSEKIND, Arnaldo et al. *Instituições de direito do trabalho.* 18. ed. atual. São Paulo: LTr, 1999.

TEIXEIRA FILHO, Manoel Antonio. *A prova no processo do trabalho.* São Paulo: LTr, 1983.

_____. *Execução no processo do trabalho.* 9. ed. São Paulo: LTr, 2005.

THEODORO JÚNIOR, Humberto. *Execução de sentença e a garantia do devido processo legal.* Rio de Janeiro, 1987.

_____. *Curso de direito processual civil.* 23. ed. Rio de Janeiro, 1999, v. II.

_____. *Processo de execução*. 22. ed. rev. e atual. São Paulo: Liv. e Ed. Universitária de Direito, 2004.

WAMBIER, Luiz Rodrigues. *Curso avançado de processo civil*. 7. ed. ver. e atual. São Paulo: Revista dos Tribunais, 2005. v.2.

YARSHELL, Flávio Luiz; BONÍCIO, Marcelo José Magalhães. *Execução civil*: novos perfis. São Paulo: RCS Editora, 2006.

Outras fontes:

ALEMÃO, Ivan. Reforma da execução em Portugal. Desjudicialização ou privatização? *Revista LTr*, São Paulo, v. 71, n. 6, jun. 2007.

AROUCA, José Carlos. O novo processo civil e o velho processo trabalhista. *Revista LTr*, São Paulo, v. 71, n. 5, maio 2007.

BACARAT, Eduardo Melléo. Desconsideração da personalidade jurídica da sociedade limitada no processo do trabalho – Interpretação à luz do princípio da dignidade humana. *Revista LTr*, São Paulo, v. 72, n. 5, maio 2008.

CALFAT, Pedro. O pensamento de Miguel Reale. Instituto de Filosofia Luso-Brasileira. *Actas do IV Colóquio Tobias Barreto*.

CARDONE, Marly A. Penhora *on-line* – Penhora de estabelecimento do executado. *Revista LTr*, São Paulo, v. 69, n. 2, fev. 2005.

CASTELO, Jorge Pinheiro. A nova reforma do processo civil e o processo do trabalho – Fase de cumprimento da sentença (Lei n. 11.232/05). *Revista LTr*, São Paulo, v. 71, n. 3, mar. 2007.

CHAVES, Luciano Athayde. O processo de execução trabalhista e o desafio da efetividade processual: a experiência da Secretaria de Execução Integrada de Natal/RN e outras reflexões. *Revista LTr*, São Paulo, v. 65, n. 12, dez. 2001.

CORDEIRO, Wolney de Macedo. A execução provisória trabalhista e as novas perspectivas diante da Lei n. 11.232, de 22 de dezembro de 2005. *Revista LTr*, São Paulo, v. 71, n. 4, abr. 2007.

CORREIA, Marcus Orione Gonçalves. Das inconsistências jurídicas da competência atribuída à Justiça do Trabalho para execução de ofício de contribuições sociais decorrentes de suas sentenças. *Revista LTr*, São Paulo, v. 65, n. 4, abr. 2001.

GASPARINI, Mauricio. As tropas de elite e a febre de efetividade na execução trabalhista. *Revista LTr*, São Paulo, v. 72, n. 3, mar. 2008.

LEITE, Carlos Henrique Bezerra. Cumprimento espontâneo da sentença (Lei n. 11.232/2005) e as suas repercussões no processo do trabalho. *Revista LTr*, São Paulo, v. 70, n. 9, set. 2006.

MAIOR, Jorge Luiz Souto. Reflexos das alterações do Código de Processo Civil no Processo do trabalho. *Revista LTr*, São Paulo, v. 70, n. 8, ago. 2006.

MALLET, Estêvão. Novas modificações no Código de Processo Civil e o processo do trabalho. *Revista LTr*, São Paulo, v. 71, n. 5, maio 2007.

MORAES FILHO, Evaristo de. Oliveira Vianna e o direito do trabalho no Brasil. *Revista LTr*, São Paulo, v. 47, n. 9, set. 1983.

OLIVEIRA, Francisco Antonio de. A nova reforma processual – Reflexos sobre o processo do

– Leis n. 11.232/2005 e 11.280/2006. *Revista LTr*, São Paulo, v. 70, n. 12, dez. 2006.

_____. Comentários à Lei n. 11.382/06 – Fatores positivos e negativos na eficácia da sentença condenatória – Subsídios para a Execução trabalhista. *Revista LTr*, São Paulo, v. 71, n. 3, mar. 2007.

PINTO, José Augusto Rodrigues. Execução trabalhista: aspectos críticos. *Revista LTr*, São Paulo, v. 63, n. 1, jan. 1999.

_____. Compreensão didática da Lei n. 11.232, de 22.12.2005. *Revista LTr*, São Paulo, v. 70, n. 3, mar. 2006.

PRATA, Marcelo Rodrigues. A multa do art. 475-J do Código de Processo Civil e sua aplicabilidade no processo trabalhista. *Revista LTr*, São Paulo, v. 72, n. 7, jul. 2008.

ROBORTELLA, Luiz Carlos Amorim. Processo de execução trabalhista no direito brasileiro. *Revista LTr*, São Paulo, v. 49, n. 7, jul. 1985.

SCHIAVI, Mauro. Novas reflexões sobre a aplicação do art. 475-J do CPC ao processo do trabalho à luz da recente jurisprudência do TST. *Revista LTr*, São Paulo, v. 72, n. 3, mar. 2008.

TEIXEIRA FILHO, Manoel A. A Justiça do Trabalho e a Emenda Constitucional n. 45/2005. *Revista LTr*, São Paulo, v. 69, n. 1, jan. 2005.

_____. Embargos à execução ou impugnação à sentença? *Revista LTr*, São Paulo, v. 70, n. 10, out. 2006.

Fontes da internet:

ANAMATRA. Disponível em: <www.anamatra.org.br/opinião/artigos> Acesso em: 04 abr. 2008.

CÂMARA DOS SOLICITADORES. *Dia Mundial do Agente de Execução*. Disponível em: <http://www.solicitador.net/fichaNoticia.asp.> Acesso em: 18 ago. 2008.

_____. *Uma reforma executiva*. Disponível em: <http:/solicitador.net/fichaNoticia.asp.> Acesso em: 20 nov. 2008.

CHAVES, Luciano Athayde. *As reformas processuais e o processo do trabalho*. Disponível em: <http://www.jusnaveganti> Acesso em: 11 abr. 2008.

DICIONÁRIO HISTÓRICO-BIOGRÁFICO BRASILEIRO – CPDOC – Fundação Getúlio Vargas. Consolidação das Leis do Trabalho – CLT. Disponível em: <http://www.cpdoc.fgv.br/dhbb/verbetes_hrm/5802> Acesso em: 19 mar. 2008.

FERRAZ JR, Tércio Sampaio. *O problema das lacunas e a filosofia jurídica de Miguel Reale*. Disponível em: <http://www.terciosampaio ferrazjr.com.br/publicações cientificas/10> Acesso em: 31 maio

Everaldo T. Q. et al. *O culturalismo da Escola do Recife*. Disponível em: <http://www.anaus/arquivos/anais/recife/teoria> Acesso em: 17 out. 2007.

REPÚBLICA PORTUGUESA. *Cobrança judicial de dívidas tornada mais eficaz*. Disponível em: <www.portugal.gov.pt/portal/pt/areasdeacçao> Acesso em: 07 nov. 2008.

REPÚBLICA PORTUGUESA. *Proposta de Lei de alteração ao Código do Processo Civil*. Disponível em: <www.portugal.gov.pt/portal/pt/governos> Acesso em: 07 nov. 2008.

Processo de execução de títulos judiciais que imponha obrigação de (...) principais modificações trazidas pela Lei n. 11.232/2005. Disponível em:

<http://www.ambito juridico.com.br.> Acesso em: 11 ago. 2008.

MANUS, Pedro Paulo Teixeira. A execução no processo do trabalho, o devido processo legal, a efetividade do processo e as novas alterações do Código de Processo Civil. *Revista TST*, Brasília, v. 73, n. 1, p. 43, jan./mar. 2007. Disponível em: <http://www.tst.gov.br> Acesso em: 11 abr. 2008.

PISTORI, Gerson Lacerda. *A natureza jurídica da execução trabalhista*. Disponível em: <www.jtcamp.jus.br/escola da magistratura/rev27Aart2.pdf> Acesso em: 28 abr. 2008.

SILVA, Paulo H. Moritz Martins da. *Considerações sobre as novas reformas do Código de Processo Civil*. Disponível em: <http://www.mundo jurídico.adv.br/sis_doutrina> Acesso em: 17 jun. 2008.

SÜSSEKIND, Arnaldo. Entrevista concedida à Ângela Castro Gomes e Maria Celina D'Araújo. Disponível em: <http:// www.cpdoc.fgv.br/revista/arq2 117. pdf> Acesso em: 11 abr. 2008.

TRIBUNA DO ADVOGADO. Disponível em: <http://pub.oab-rj.org.br/index> Acesso em: 04 abr. 2008.

Produção Gráfica e Editoração Eletrônica: **Estúdio DDR Comunicação Ltda.**
Design de Capa: **Genesis**
Impressão: **Cromosete**